포켓몬스터
맞춤법 도감

JN348122

이 책의 구성

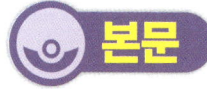

본문

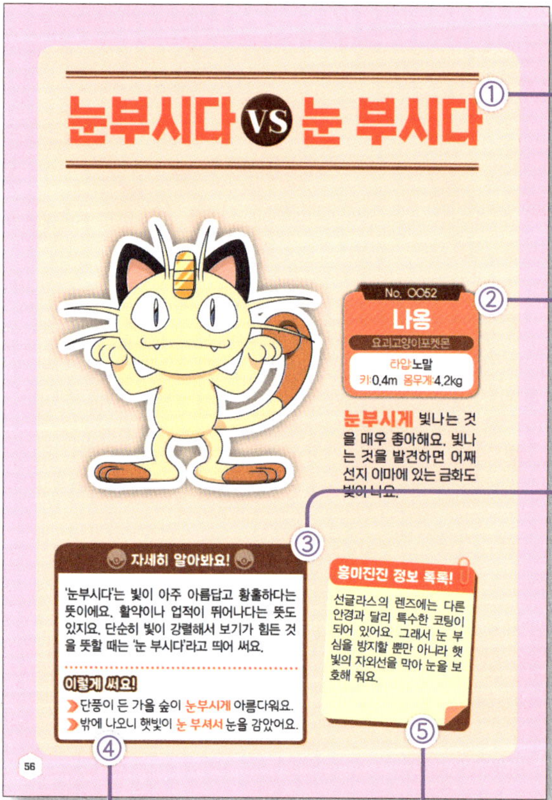

눈부시다 VS 눈 부시다

No. 0052
나옹
요괴고양이포켓몬
타입 노말
키 0.4m 몸무게 4.2kg

눈부시게 빛나는 것을 매우 좋아해요. 빛나는 것을 발견하면 어째선지 이마에 있는 금화도 빛이 나요.

자세히 알아봐요!

'눈부시다'는 빛이 아주 아름답고 황홀하다는 뜻이에요. 활약이나 업적이 뛰어나다는 뜻도 있지요. 단순히 빛이 강렬해서 보기가 힘든 것을 뜻할 때는 '눈 부시다'라고 띄어 써요.

이렇게 써요!

- 단풍이 든 가을 숲이 **눈부시게** 아름다워요.
- 밖에 나오니 햇빛이 **눈 부셔서** 눈을 감았어요.

흥미진진 정보 톡톡!

선글라스의 렌즈에는 다른 안경과 달리 특수한 코팅이 되어 있어요. 그래서 눈 부심을 방지할 뿐만 아니라 햇빛의 자외선을 막아 눈을 보호해 줘요.

56

① 어떤 맞춤법을 알아볼지 확인해 보세요.

② 포켓몬 도감을 보며 맞춤법이 어떻게 쓰이는지도 알아보세요!

③ 맞춤법에 대한 자세한 설명을 담았어요.

④ 예시문을 읽으면 학습한 내용을 더욱 확실히 이해할 수 있어요.

⑤ 상식을 키워 주는 흥미진진한 정보까지 배울 수 있어요.

부록

미로 찾기, 낱말 퍼즐 등 포켓몬과 함께 게임을 하며 재미있는 시간을 보내 보세요!

차 례

이 책의 구성 ·· 2

1장 틀리기 쉬운 맞춤법 ·· 5
지금 보이는 포켓몬은 누구일까요? ··· 36

2장 꼭 알아야 할 띄어쓰기 ··· 37
재미 뿜뿜! 낱말 퍼즐 ··· 60

3장 잘못 쓰면 뜻이 달라지는 말 ··· 61
어떤 포켓몬에 대한 설명일까요? ··· 96

4장 알쏭달쏭 헷갈리는 말 ··· 97
실루엣을 찾아라! ·· 122

5장 올바른 외래어 표기법 ··· 123
알쏭달쏭 OX 퀴즈 ·· 150

6장 알아두면 좋은 재미있는 표현 ·· 151
숨겨진 이름을 찾아라! ·· 188

7장 받아쓰기 할 때 틀리기 쉬운 단어 ··································· 189
피카츄를 만나러 가요! ·· 218

맞춤법 마스터가 되자! ·· 220
정답 ·· 226
찾아보기 ·· 228

1장
틀리기 쉬운 맞춤법

통째로 vs 통채로

No. 0845
욱우지
그대로삼키기포켓몬

타입: 비행 / 물
키: 0.8m 몸무게: 18.0kg

무엇이든 **통째로** 삼키는 습성이 있어요. 지나치게 큰 먹이를 삼켜서 버거워하는 욱우지일수록 강해요.

자세히 알아봐요!

'통째로'와 '통채로'는 비슷해 보이지만 '통째로'가 맞는 표현이에요. '통째로'는 전체를 한꺼번에라는 뜻이지요. '통채로'는 잘못된 표기예요.

이렇게 써요!

▶ 빵을 **통째로** 먹었다.
▶ 바구니를 **통째로** 내밀어요.

흥미진진 정보 톡톡!

레촌은 필리핀의 전통 요리예요. 돼지를 통째로 구워서 만드는 요리지요. 바삭한 껍질과 부드러운 고기가 특징이에요. 잔치나 축제 같이 사람이 많이 모이는 장소에서 다 같이 나눠 먹어요.

덩굴 vs 덩쿨

No. 0893
자루도
나쁜원숭이포켓몬

타입: 악 / 풀
키: 1.8m 몸무게: 70.0kg

몸에 난 **덩굴**이 끊어지면 토양에 영양분이 되어 숲의 식물들을 성장시켜요.

자세히 알아봐요!

'덩굴'은 식물이 길게 뻗어 자라는 줄기를 가리키는 말이에요. 같은 표현으로 '넝쿨'이 있지요. '덩쿨'은 잘못된 표기예요.

이렇게 써요!
▶ **덩굴**이 담장을 타고 자라요.
▶ 호박 **덩굴**이 길게 자랐어요.

흥미진진 정보 톡톡!

덩굴 식물은 곧게 서지 못하고 대신 나무나 담장, 바위 같은 다른 물건을 감거나 달라붙어서 자라나요. 완두, 오이, 나팔꽃, 담쟁이 덩굴 등이 대표적인 덩굴 식물이지요.

금세 vs 금새

No. 0886
드래런치
돌보미포켓몬

타입: 드래곤 / 고스트
키: 1.4m 몸무게: 11.0kg

싸움에서 지면 드라꼰은 **금세** 어딘가로 가 버려요.

🔍 자세히 알아봐요! 🔍

'금세'는 '지금 바로' 또는 '아주 짧은 시간에'라는 뜻이에요. '금방'이라는 말과 같은 뜻으로 쓰여요. 반면 '금새'는 물건 값을 뜻하는 말이랍니다.

이렇게 써요!

▶ 선생님이 **금세** 문제를 풀었다.
▶ 물건의 **금새**를 잘 쳐주었어요.

📎 흥미진진 정보 톡톡!

금세는 사실 예전에 쓰였던 '금시에'를 줄인 말이에요. '금시'는 한자 지금 금(今), 시간 시(時)가 합쳐진 말이지요. 시간이 지나면서 점점 '금세'가 된 거예요.

우레 vs 우뢰

No. 0785

카푸꼬꼬꼭

토속신포켓몬

타입: 전기 / 페어리
키: 1.8m 몸무게: 20.5kg

호기심 왕성한 멜레멜레의 수호신이에요. 번개 구름을 불러 **우레**를 몸에 비축해요.

자세히 알아봐요!

'우레'는 벼락이나 번개가 칠 때에 대기가 요란하게 울리는 것 또는 그런 소리로 '천둥'과 같은 말이에요. '울다', '울리다'에서 비롯된 순우리말이지요.

이렇게 써요!
- 우레 같은 박수가 쏟아지다.
- 산 위에서 우레 소리가 메아리쳤어요.

흥미진진 정보 록록!

부화뇌동(附和雷同 붙을 부, 화목할 화, 우레 뇌, 같을 동)이란 사자성어가 있어요. 우레 소리에 맞추어 함께 하다라는 뜻이에요. 줏대 없이 남의 의견에 따라 움직인다는 말이지요.

돌멩이 vs 돌맹이

No. 0557

돌살이
돌집포켓몬

타입: 벌레 / 바위
키: 0.3m 몸무게: 14.5kg

마음에 드는 **돌멩이**에 구멍을 파서 보금자리로 삼아요. 단굴이나 탄동에게는 천적이에요.

자세히 알아봐요!

'돌멩이'는 한 손으로 들 수 있을 정도로 작은 크기의 돌을 말해요. 돌멩이보다 큰 돌은 돌덩이, 그보다 큰 돌은 바위라고 해요.

이렇게 써요!
- **돌멩이**를 주워 강에 던졌어요.
- 아이가 **돌멩이**에 발이 걸려 넘어졌다.

흥미진진 정보 록록!

옛날에는 돌멩이를 달아 던지거나 휘두르는 '투석구'라는 무기가 있었어요. 티베트나 동양 여러 민족의 사냥도구로 쓰였다고 해요.

늠름하다 vs 름늠하다

No. 0861
오롱털
벌크업포켓몬
타입: 악 / 페어리
키: 1.5m 몸무게: 61.0kg

깊은 숲속에 살고 있어요. **늠름하게** 진화했어도 실없는 장난과 나쁜 짓을 멈추지 않아요.

 자세히 알아봐요!

'늠름하다'는 생김새나 태도가 의젓하고 당당하다는 뜻이에요. '름늠하다', '늠늠하다' 등은 잘못된 표기예요.

이렇게 써요!
▶ 군인들이 행진하는 모습이 **늠름해요**.
▶ 커다란 나무가 **늠름하게** 서 있어요.

흥미진진 정보 톡톡!

'늠름하다'는 한자 '凜凜(찰름)'에 우리말 '–하다'가 붙어서 만들어진 말이에요. 어떤 것에 대한 애정이나 태도가 매우 맹렬하다는 뜻의 '열렬하다'도 '烈烈(세찰 렬)'에 우리말 –하다'가 붙어서 만들어졌지요.

해 질 녘 VS 해 질 녘

No. 0885

드래꾼
원망포켓몬

타입: 드래곤 / 고스트
키: 0.5m 몸무게: 2.0kg

해 질 녘에 무리 지어 바다 위를 고속으로 돌아다니며 물속의 포켓몬을 쪼면서 놀아요.

자세히 알아봐요!

'해 질 녘'은 해가 질 무렵을 뜻해요. '녘'은 방향이나 어떤 때의 무렵을 가리키지요. 띄어쓰기도 유의해야 해요.

이렇게 써요!
▶해 질 녘까지 놀았어요.
▶해 질 녘의 노을이 참 아름답다.

흥미진진 정보 록록!

태양빛은 여러 색으로 이루어져 있어요. 해가 질 무렵에는 태양빛이 대기를 통과하는 거리가 길어지는데 이때 파란 빛은 산란되고 빨간 빛은 그대로 우리 눈까지 도달해요. 그래서 해가 질 때는 하늘이 붉게 보여요.

차례 VS 차례

No. 0636
활화르바
횃불포켓몬

타입: 벌레 / 불꽃
키: 1.1m 몸무게: 28.8kg

먼 옛날에는 태양의 사자라며 떠받들어졌으나, 여러 **차례** 산불을 일으킨 까닭에 멀리하게 되었어요.

자세히 알아봐요!
'차례'는 순서 있게 구분하여 벌여 나가는 관계, 또는 그 구분에 따라 각각에게 돌아오는 기회를 뜻해요. 일이 일어나는 횟수를 세는 단위기도 하지요.

이렇게 써요!
▶ 소나기가 몇 **차례** 쏟아졌다.
▶ 내 **차례**가 올 때까지 기다렸어요.

흥미진진 정보 록록!
차례를 지키지 않고 남의 자리에 끼어드는 걸 '새치기'라고 불러요. 도로에서 차가 새치기를 하는 것은 '끼어들기'라고 하지요.

꽃봉오리 vs 꽃봉우리

No. 0907
나로테
풀고양이포켓몬

타입:풀
키:0.9m 몸무게:12.2kg

긴 털 아래 숨긴 덩굴을 능숙하게 다뤄서 단단한 **꽃봉오리**로 상대를 가격해요.

🔴 자세히 알아봐요!

망울만 맺히고 피지 않은 꽃을 '봉오리'라고 해요. '봉우리'는 산에서 높이 솟은 부분을 가리키지요.

이렇게 써요!
▶ **꽃봉오리**가 터지고 꽃잎이 드러났다.
▶ 눈으로 뒤덮인 **산봉우리**가 정말 아름다웠어요.

📎 흥미진진 정보 톡톡!

마트에서 파는 브로콜리는 꽃이 피기전 봉오리 상태에요. 우리는 브로콜리의 봉오리를 먹는 겁니다. 만약 브로콜리를 수확하지 않고 두면 봉오리가 열리고 작은 노란색 꽃들이 피어요.

다릿심 VS 다리 힘

No. 0919
콩알뚜기
메뚜기포켓몬

타입: 벌레
키: 0.2m 몸무게: 1.0kg

제3의 다리가 접혀 있어요. 위기에 처하면 10m 이상을 점프하는 **다릿심**을 가지고 있어요.

🔵 자세히 알아봐요! 🔵

다릿심은 다리의 힘을 뜻하는 말이에요. 여기서 '심'은 원래 '힘'을 뜻하는 사투리였어요. 하지만 지금은 '다릿심'이 표준어지요. 팔 힘을 뜻하는 '팔심'도 마찬가지예요. '팔 힘'과 '다리 힘'처럼 띄어 써서 사용할 수도 있어요.

이렇게 써요!
▶ 꾸준히 운동을 하면 **다릿심**이 좋아진다.
▶ 메뚜기는 **다리(의) 힘**이 강해요.

📎 흥미진진 정보 록록!

메뚜기는 다릿심이 무척 강해서 자기 몸길이의 약 20배 이상을 뛸 수 있어요. 이를 사람으로 비유하면 높은 건물을 단번에 뛰어넘는 것과 비슷해요.

다짜고짜 VS 다짜구짜

No. 0691
드래캄
풀모방포켓몬

타입: 독 / 드래곤
키: 1.8m 몸무게: 81.5kg

영역에 들어온 상대를 **다짜고짜** 독액으로 공격해요. 배의 밑바닥을 썩게 만드는 맹독을 지녔어요.

자세히 알아봐요!

'다짜고짜'는 앞뒤 상황을 보지 않고 곧바로 행동하거나 말할 때 사용하는 표현이에요. '다짜구짜'는 사투리예요. '닷짜구짜', '대짜고짜'등은 잘못된 표현이에요.

이렇게 써요!
- 친구가 **다짜고짜** 내게 화를 냈어요.
- 경찰이 집에 들어와 **다짜고짜** 방 안을 뒤졌다.

흥미진진 정보 톡톡!

'무데뽀'라는 말을 들어봤나요? 일본어에서 유래한 말로, 앞뒤 생각없이 다짜고짜 행동부터 들이대는 모양새를 속되게 이르는 말이에요. '막무가내'라는 우리나라 말로 다듬어 쓴다면 더 좋을 거예요.

나뭇가지 vs 나무가지

No. 0918
트래피더
트랩포켓몬

타입: 벌레
키: 1.0m 몸무게: 16.5kg

나뭇가지나 천장에 실로 달라붙어 소리 없이 행동해요. 먹잇감에게 들키기 전에 쓰러뜨려요.

자세히 알아봐요!

'나뭇가지'는 '나무'와 '가지'라는 순우리말로 된 합성어로 나무의 줄기에서 뻗어나는 가지를 말해요. '나무가지'는 맞춤법에 맞지 않는 표현이에요.

이렇게 써요!
- 새들이 **나뭇가지**에 옹기종기 모여 앉아 있어요.
- **나뭇가지**를 우지끈 꺾었어요.

흥미진진 정보 톡톡!

순우리말로 된 두 단어가 합쳐져 한 단어가 되는 경우, 뒷말의 첫소리가 된소리로 난다면 사이시옷을 붙여요. 나뭇가지의 경우, 나무 뒤에 가지가 '까지'로 소리나기 때문에 사이시옷을 받쳐 나뭇가지로 적는 거예요.

퍼붓다 VS 퍼붇다

No. 0722
나몰빼미
풀깃포켓몬

타입: 풀 / 비행
키: 0.3m 몸무게: 1.5kg

전혀 소리를 내지 않고 활공하여 적에게 빠르게 접근해요. 눈치채기 전에 강렬한 발차기를 **퍼부어요**.

자세히 알아봐요!

'붓다'는 액체를 따를 때 써요. 반면 '붇다'는 늘어나거나 불어나는 것을 뜻하지요. 따라서 무언가 세차게 쏟아지는 상황에서는 '퍼붓다'라고 써야 해요.

이렇게 써요!
- 세찬 소나기가 **퍼붓다**.
- 짬뽕이 오래 되어 **붇다**.

흥미진진 정보 톡톡!

영어권 국가에서는 비가 하늘에서 퍼부을 때 "하늘에서 고양이와 개가 쏟아지는 것 같다"고 표현해요. 폭우를 재미있고 생생하게 묘사한 관용어구지요.

깎다 vs 깍다

No. 0676
트리미앙
푸들포켓몬

타입: 노말
키: 1.2m 몸무게: 28.0kg

복슬복슬한 털을 **깎고** 다듬으면 모습이 아름다워질 뿐만 아니라 몸의 움직임도 좋아져요.

자세히 알아봐요!

'깎다'는 칼 등으로 물건의 겉부분을 벗긴다는 뜻이에요. 또 풀이나 털 따위를 잘라 내다, 값이나 금액을 낮추어서 줄이다, 체면이나 명예를 상하게 하다 등 여러 가지 뜻이 있지요.

이렇게 써요!
- 사과 껍질을 예쁘게 **깎았어요**.
- 손톱깎이로 손톱을 **깎다**.

흥미진진 정보 톡톡!

인도에 사는 쉬리다르 칠랄이라는 남자는 64년 넘게 손톱을 깎지 않았다고 해요. 가장 긴 손톱을 가진 사람으로 기네스북 세계 기록을 세울 당시, 그의 손톱 길이는 197cm였다고 해요.

받아들이다 VS 받아드리다

No. 0201
안농
심볼포켓몬

타입: 에스퍼
키: 0.5m 몸무게: 5.0kg

생물로는 보이지 않는 특이한 생김새예요. 형태가 다른 개체가 많고, 이국의 문자와 공통성을 주장했으나, **받아들여지지** 않았어요.

🔴 자세히 알아봐요! 🔴

'받아들이다'는 다른 사람의 요구, 말 따위를 들어주는 것 또는 다른 문화나 문물을 받아서 자기 것으로 되게 하는 것 등 여러 뜻이 있어요. '받아드리다'는 잘못된 표현이에요.

이렇게 써요!
▶ 친구의 지나친 요구를 **받아들일** 수 없었어요.
▶ 좋은 기술과 문화를 **받아들여야** 나라가 발전할 수 있어요.

📎 흥미진진 정보 록록!

남의 잘못 따위를 너그럽게 받아들이거나 용서하는 것을 가리켜 '관용'이라고 해요. 보다 넓은 의미로 다른 사람의 의견이나 행동 등이 나와 달라도 그것을 인정한다는 뜻으로도 쓰여요.

좋아하다 VS 조아하다

No. 0297
하리뭉
손바닥치기포켓몬
타입: 격투
키: 2.3m 몸무게: 253.8kg

힘겨루기를 매우 **좋아해요**. 달리는 열차를 손바닥치기로 멈추게 하는 파워를 가졌어요.

자세히 알아봐요!

어떤 대상이 마음에 들 때 '좋아하다'라고 표현해요. '조아하다'라고 발음되며, SNS나 채팅 등에서 이렇게 쓰는 경우가 많지만 올바른 표기법은 아니에요.

이렇게 써요!
▶ 내 동생은 축구를 **좋아해**.
▶ 너는 어떤 과일을 **좋아하니**?

흥미진진 정보 톡톡!

중국 사람들은 숫자 8을 무척 좋아해요. '8'의 발음이 발전하다, 부유해지다라는 뜻을 가진 한자와 발음이 비슷하기 때문이에요. 그래서 2008년 베이징 올림픽 개막식이 8월 8일 저녁 8시에 열렸답니다.

맺히다 VS 맞치다

No. 0266

실쿤
번데기포켓몬

타입: 벌레
키: 0.6m 몸무게: 10.0kg

실에 **맺힌** 아침 이슬을 마시며 진화할 때를 기다려요. 단단한 고치가 공격을 막아요.

🔵 자세히 알아봐요!

'맺히다'는 매듭이 만들어진다는 뜻 외에 물방울, 꽃망울이 생겨 매달리다, 살 속에 피가 뭉치다 등 여러 뜻이 있어요. '맺치다'로 발음되지만 맞지 않는 표현이에요.

이렇게 써요!
▶ 이마에 땀이 **맺혔어요**.
▶ 꽃잎에 이슬이 **맺히다**.

흥미진진 정보 톡톡!

원망스럽고 억울한 감정이 응어리가 되어 남아 있을 때 '한이 맺히다'라고 표현해요. '한'은 우리나라의 독특한 감정으로 깊은 슬픔이나 이루지 못한 소망이 마음에 남은 상태를 말해요.

찌푸리다 VS 찌뿌리다

No. 0942
오라티프
애송이포켓몬

타입: 악
키: 0.5m 몸무게: 16.0kg

상대에게 얕보이지 않기 위해 항상 얼굴을 **찌푸리고** 있지만 우는 아이는 그 모습을 보고 웃게 돼요.

자세히 알아봐요!

날씨가 흐려지거나 얼굴의 근육이나 눈살 따위를 찡그릴 때 '찌푸리다'라고 표현해요. '찌뿌리다'는 잘못된 표기예요.

이렇게 써요!
▶ 잔뜩 **찌푸린** 날씨.
▶ 햇빛에 눈이 부셔 눈살을 **찌푸렸어요**.

흥미진진 정보 톡톡!

날씨는 우리 감정에 영향을 미치기도 해요. 잔뜩 찌푸린 날씨는 종종 우울하고 외로운 감정을 불러일으키지요. 반면, 화창하고 따뜻한 날에는 사람들의 바깥 활동이 늘어나 기분이 좋아져요.

넓적다리 VS 넙적다리

No. 0658
개굴닌자
시노비포켓몬

타입: 물 / 악
키: 1.5m 몸무게: 40.0kg

넓적다리에서 배어 나온 점액으로 만든 수리검은 강철 와이어도 싹둑 자를 수 있어요.

🔵 자세히 알아봐요!

넓적다리는 다리에서 무릎 위의 부분을 가리켜요. '넓적하다'는 편편하고 넓다는 뜻이지요. 넓적다리를 의학 용어로 '넙다리'라고 표현하기도 해요. 넙적다리는 잘못된 표현이에요.

이렇게 써요!

- 의자에 부딪혀 **넓적다리**에 멍이 들었다.
- 바지를 **넓적다리**까지 걷어 올렸다.

📎 흥미진진 정보 록록!

넓적다리에는 우리 몸에서 가장 긴 뼈, 넙다리뼈가 있어요. 넙다리뼈는 길고 양 끝이 뭉툭하게 갈라진 모양으로, 보통 우리가 뼈를 생각할 때 많이 떠올리는 모습이에요.

억세다 VS 억쎄다

No. 0880
파치래곤
화석포켓몬

타입: 전기 / 드래곤
키: 1.8m 몸무게: 190.0kg

꼬리의 **억센** 근육으로 발전해요. 하반신에 비해 상반신이 너무 작아요.

◉ 자세히 알아봐요! ◉

마음먹은 바를 이루려는 뜻이나 행동이 억척스럽고 세차다, 팔이나 다리 등의 골격 따위가 매우 거칠어 힘이 세다 등 여러 뜻이 있어요. '억쎄다'라고 발음되지만 잘못된 표기예요.

이렇게 써요!
▶ **억센** 풀들이 비바람 속에서도 쓰러지지 않았다.
▶ 농부는 **억센** 팔뚝으로 땅을 갈았다.

흥미진진 정보 록록!

질풍경초(疾風勁草 병 질, 바람 풍, 강할 경, 풀 초)라는 사자성어가 있어요. 세찬 바람이 불어야 억센 풀을 안다는 뜻이에요. 아무리 어려운 일을 당해도 뜻이 흔들리지 않는 사람을 비유하는 말이지요.

새기다 vs 세기다

No. O867
데스판
원념포켓몬

타입: 땅 / 고스트
키: 1.6m 몸무게: 66.6kg

그림자 같은 몸을 만지면 안 돼요. 그림에 **새겨진** 무서운 기억을 보게 되기 때문이에요.

자세히 알아봐요!

'새기다'는 글씨나 모양을 파거나 잊지 않게 마음속에 깊이 기억하는 것을 뜻해요. 적거나 인쇄한다는 뜻도 있어요.

이렇게 써요!
- 바위에 이름을 **새겼어요**.
- 선생님의 가르침을 마음에 깊이 **새기다**.

흥미진진 정보 톡톡!

판화는 돌이나 나무, 금속 등에 그림을 새긴 뒤 물감을 묻혀 종이에 찍어내는 형식의 그림을 말해요. 그림을 한 장씩 그리는 대신 같은 그림을 여러 장 찍어 만들 수 있어요.

실타래 VS 실다래

No. 0917
타랜툴라
실타래포켓몬

타입: 벌레
키: 0.3m 몸무게: 4.0kg

몸을 감싸고 있는 **실타래**는 천적인 스라크의 낫을 튕겨 낼 정도의 탄력을 자랑해요.

자세히 알아봐요!

'타래'는 동글게 뭉쳐 놓은 실이나 노끈 등의 뭉치로, '실타래'는 실을 쉽게 풀어 쓸 수 있도록 한데 뭉치거나 감아 놓은 것을 뜻해요. 따라서 '실다래'가 아닌 '실타래'로 써야 해요.

이렇게 써요!
▶ 엉킨 **실타래**를 풀다.
▶ **실타래**로 목도리를 뜨다.

흥미진진 정보 톡톡!

돌잡이는 돌잔치에서 여러 물건을 펼쳐 놓고 아이가 잡는 물건에 따라 미래를 점쳐 보는 행사예요. 그중 빠짐없이 등장하는 실타래는 장수를 의미해요. 긴 실처럼 아이가 오래 살기를 바라는 뜻이 담겨있지요.

얼음 VS 어름

No. 0362
얼음귀신
얼굴포켓몬

타입: 얼음
키: 1.5m 몸무게: 256.5kg

커다란 입에서 뿜는 냉기로 먹이를 한순간에 꽁꽁. 그대로 아드득아드득 잡아먹어요.

자세히 알아봐요!

'얼음'은 물이 얼어서 고체 상태로 된 것을 뜻해요. 반면 어름은 두 사물이 하나로 만나는 곳을 가리키는 말이지요.

이렇게 써요!
- **얼음**이 꽁꽁 얼다.
- 지리산은 경상남도, 전라남도, 전라북도 **어름**에 있어요.

흥미진진 정보 톡톡!

북극 지역 사람들은 주로 사냥을 하거나 잠시 머무를 때 이글루라고 하는 집을 지었어요. 이글루는 얼음과 눈덩이를 벽돌 모양으로 쌓아 올려 만드는데 찬 공기를 막고 열을 가둬 주어서 안은 매우 따뜻하다고 해요.

헤매다 VS 헤메다

No. 0609
샹델라
권유포켓몬

타입: 고스트 / 불꽃
키: 1.0m 몸무게: 34.3kg

괴상한 불꽃으로 태워진 영혼은 갈 곳을 잃고 이승을 영원히 **헤매요**.

🔍 자세히 알아봐요!

'헤매다'는 어디로 갈지 몰라 이리저리 돌아다니는 모습을 가리키는 말이에요. '헤메다'는 잘못된 표기예요.

이렇게 써요!
- 길을 잃고 헤매다.
- 수학 문제가 어려워서 한 시간째 헤매고 있어요.

흥미진진 정보 톡톡!

어지럽게 갈래가 져서 한번 들어가면 출구를 찾지 못하고 헤매기 쉬운 길을 미로라고 해요. 해결책을 찾지 못하고 갈팡질팡하는 상태를 '미로에 빠졌다'라고 표현하지요.

건드리다 vs 건들이다

No. 0016
구구
아기새포켓몬
타입: 노말 / 비행
키: 0.3m 몸무게: 1.8kg

싸움을 좋아하지 않는 얌전한 성격이지만 어설프게 **건드리면** 강력한 반격을 당하게 돼요.

자세히 알아봐요!

'건드리다'는 무언가를 가볍게 만지거나 말이나 행동 등으로 상대방의 기분을 나쁘게 만드는 상황에서 사용해요. '건들이다'는 잘못된 표기랍니다.

이렇게 써요!
- 남의 물건은 함부로 **건드리지** 않아요.
- 내 자존심을 **건드리다니**.

흥미진진 정보 톡톡!

'아픈 곳을 건드리다' 또는 '아픈 곳을 쑤시다'라는 관용구가 있어요. 상대방의 약점이나 허점을 말하거나 지적한다는 뜻이지요.

폭발 VS 폭팔

No. 0776
폭거북스
폭발거북포켓몬
타입: 불꽃 / 드래곤
키: 2.0m 몸무게: 212.0kg

폭약으로 코팅된 등껍질을 짊어지고 있어요. 공격하는 상대에게 대**폭발**로 반격해요.

🔍 자세히 알아봐요! 🔍

'폭발'은 터질 폭(爆)과 발생할 발(發)에서 유래한 한자어예요. 불이 일어나 갑자기 터지는 현상을 말하지요. '폭팔'이라고 쓰면 안 된답니다.

이렇게 써요!
▶ 화산이 갑자기 **폭발했다**.
▶ 그동안 눌러왔던 감정이 **폭발했다**.

📎 흥미진진 정보 록록!

약 946년 경, 지구 역사에서 손꼽히는 강력한 화산 폭발이 발생했어요. '밀레니엄 대분화'라고 불리는 이 거대한 화산 폭발의 주인공은 다름 아닌 백두산이에요.

부수다 vs 부시다

No. 0626
버프론
박치기소포켓몬

타입: 노말
키: 1.6m 몸무게: 94.6kg

박치기만으로 자동차를 **부수어요**. 머리의 털이 풍성할수록 무리에서 지위가 올라가요.

🔍 자세히 알아봐요! 🔍

'부수다'는 단단한 물건을 두드려 여러 조각으로 깨뜨리는 것을 말해요. '부시다'는 빛이 강해 마주 보기 힘든 상태를 말하지요.

이렇게 써요!
▶ 강도가 문을 **부수고** 밖으로 나갔어요.
▶ 햇빛에 눈이 **부시다**.

📎 흥미진진 정보 록록!

'부수다'와 비슷한 말로 '깨부수다'가 있어요. 단단한 것을 쳐서 조각이 나게 한다는 뜻 외에 잘못된 생각이나 대상 따위를 없애거나 무슨 일이 이루어지지 않도록 막는다는 뜻이 있어요.

뭉개다 VS 뭉게다

No. 0713
크레베이스
빙산포켓몬

타입: 얼음
키: 2.0m 몸무게: 505.0kg

얼음으로 된 거대한 몸으로 방해되는 것은 모조리 **뭉개** 버려요. 바다에 떠 있는 모습은 유빙과 똑 닮았어요.

자세히 알아봐요!

어떤 물체의 모양이 변하도록 마구 문질러 짓이기는 것을 '뭉개다'라고 해요. '뭉게다'는 비슷해 보이지만 잘못된 표기예요.

이렇게 써요!
- 삶은 감자를 **뭉개다**.
- 모래성이 파도에 **뭉개졌다**.

흥미진진 정보 톡톡!

'뭉게다'라는 표준어는 없지만, '뭉게뭉게'라는 표현이 있어요. 연기나 구름이 크게 둥근 모양을 이루며 나오는 모양을 표현하는 말이지요. 뭉게뭉게 피어오르는 구름을 뭉게구름이라고 한답니다.

재채기 VS 재체기

No. 0613
코고미
빙결포켓몬

타입: 얼음
키: 0.5m 몸무게: 8.5kg

재채기하기 시작했다면 조심해야 해요. 냉기를 두른 콧물에 닿으면 동상을 입게 되기 때문이에요.

자세히 알아봐요!

'재채기'란 강한 냄새나 먼지 등 코안이 자극을 받았을 때 갑작스럽게 코로 숨을 내뱉는 것을 말해요. '재체기' 또는 '제체기'는 틀린 표기예요.

이렇게 써요!
- 코가 간질간질해서 **재채기**가 난다.
- 에취, 자꾸 **재채기**가 나오네.

흥미진진 정보 록록!

우리말에 '개치네쒜'라는 말이 있어요. 발음도 단어도 무척 낯설지만 재채기를 한 뒤에 내는 감탄사로, 이 소리를 외치면 감기가 들어오지 못하고 물러간다고 해요. 같은 뜻의 '에이쒜'라는 말도 있어요.

온갖 vs 온갖

No. 0810
흥나숭
꼬마원숭이포켓몬

타입:풀
키:0.3m 몸무게:5.0kg

온갖 것들을 스틱으로 때리다 보면 점점 흥이 나서 리듬감도 더 좋아져요.

자세히 알아봐요!

'온갖'은 '이런저런 여러 가지의'라는 뜻이에요. 뜻이 비슷한 말로 '별의별', '오만' 등이 있어요. '온갖', '온갓' 등은 잘못된 표기예요.

이렇게 써요!
▶ **온갖** 종류의 꽃들이 피었어요.
▶ **온갖** 정성을 다해 간호하다.

흥미진진 정보 톡톡!

손재주가 뛰어나 온갖 물건을 만드는 사람을 백공기예(百工技藝 일백 백, 장인 공, 재주 기, 재주 예)라고 불러요. 여러 분야에서 뛰어난 솜씨를 발휘하는 사람을 말하지요.

지금 보이는 포켓몬은 누구일까요?

<보기>를 보고 각각 어떤 포켓몬의 일부분인지 맞춰 보세요.

드라꼰

개굴닌자

나로테

코고미

카푸꼬꼬꼭

드래런치

2장
꼭 알아야 할 띄어쓰기

한층 VS 한 층

No. 0727

어흥염
힐포켓몬

타입: 불꽃 / 악
키: 1.8m 몸무게: 83.0kg

투쟁심에 불이 붙으면 허리 주변에 있는 불꽃도 **한층** 격렬하게 타올라요.

🔍 자세히 알아봐요!

'한층'은 '일정한 정도에서 한 단계 더'라는 뜻이에요. '한 층'이라고 띄어 쓰면 말 그대로 집이나 건물에서 하나의 층을 뜻하는 말이 돼요.

이렇게 써요!
▶ 오늘은 날씨가 **한층** 더 따뜻해졌다.
▶ 친구가 **한 층** 아래에 살아요.

📎 흥미진진 정보 록록!

세계에서 가장 높은 건물은 아랍 에미리트 두바이에 있는 '부르즈 할리파'로, 무려 163층으로 이루어져 있어요. 사우디아라비아에서는 이보다 더 높은 건물을 짓고 있는데 완공되면 168층에 이를 거라고 하지요.

어느새 VS 어느 새

No. 0925
파밀리쥐(네 식구)

패밀리포켓몬

타입: 노말
키: 0.3m 몸무게: 2.8kg

어느새 아이가 2마리로 늘었어요. 가족처럼 보이기도 하나 진상은 밝혀지지 않았어요.

자세히 알아봐요!

'어느새'는 어느 틈에 벌써라는 뜻으로 '어느'와 '사이'의 줄임말인 '새'가 합쳐진 합성어예요. 붙여써야 올바른 표기법이니 유의하도록 해요.

이렇게 써요!
- 아이는 **어느새** 자라서 어른이 되었다.
- 시간이 흘러 **어느새** 헤어질 시간이다.

흥미진진 정보 록록!

열대 지방에서는 돌풍이 불다 갑자기 멈추기도 하고, 소나기가 쏟아지다가 어느새 하늘이 맑아져요. 이러한 현상을 '스콜'이라고 부르는데, 태양빛에 뜨거워진 공기가 빠르게 움직이며 생기는 현상이랍니다.

큰소리 VS 큰 소리

No. 0962
떨구새
낙하물포켓몬
타입: 비행 / 악
키: 1.5m 몸무게: 42.9kg

가슴팍의 주머니에 먹이를 담아서 둥지로 가져가요. **큰 소리**가 나는 물건을 떨어뜨리는 것을 즐겨요.

자세히 알아봐요!

'큰소리'는 목청을 돋궈 야단치는 소리, 또는 사실 이상으로 과장해서 하는 말을 뜻해요. 단순히 크기가 커다란 소리는 '큰 소리'라고 띄어 써요.

이렇게 써요!
▶ 잘못하고서는 **큰소리**만 뻥뻥 친다.
▶ **큰 소리**로 껄껄 웃었어요.

흥미진진 정보 록록!

남아메리카와 중앙아메리카에 사는 원숭이의 한 종류인 '짖는원숭이'는 정글에 크게 울려 퍼지는 소리를 낸다고 해서 붙여진 이름이에요. 몸집은 작지만 으르렁대는 사자처럼 큰 소리를 내어 울지요.

단숨에 VS 단 숨에

No. 0943
마피티프
두목포켓몬

타입: 악
키: 1.1m 몸무게: 61.0kg

커다란 목 주머니에 에너지를 비축할 수 있어요. **단숨에** 이를 방출하여 적을 날려 버려요.

자세히 알아봐요!

'단숨에'는 쉬지 않고 곧장이라는 뜻으로, '단걸음에'라고도 쓸 수도 있어요. 비슷한 말로, 아주 짧은 시간 동안을 나타내는 '한숨에'라는 말도 있어요.

이렇게 써요!
▶ 목이 말라서 물을 **단숨에** 들이켰다.
▶ 시험 문제를 **단숨에** 풀었다.

흥미진진 정보 톡톡!

사람은 숨 쉬지 않고 1분도 견디기 힘들어요. 사람이 세운 '물속에서 숨 참기' 세계 기록은 무려 24분 33초라고 해요. 놀랍게도 향유고래는 1시간 30분 정도 숨을 참고 잠수할 수 있다고 해요.

몸속 VS 몸 속

No. 0933
스태솔트
암염포켓몬

타입: 바위
키: 0.6m 몸무게: 105.0kg

몸속에서 암염을 압축시켜요. 이렇게 굳혀진 소금 탄환을 발사하면 철판도 관통하는 위력을 보여요.

자세히 알아봐요!

몸의 속을 뜻할 때는 '몸속'처럼 붙여서 사용해요. 마찬가지로 마음속, 가슴속, 산속, 땅속, 숲속 등도 모두 붙여 써야 한답니다.

이렇게 써요!
- 물을 마시니 **몸속**이 시원해졌다.
- 병균은 **몸속**으로 들어가서 병을 일으킨다.

흥미진진 정보 톡톡!

우리 몸속에 있는 심장은 1분에 60~100회 정도 뛰며 피를 온몸으로 보내요. 사람은 가슴 중앙에서 약간 왼쪽에 위치하고 있어요.

한번 VS 한 번

No. 0914
웨이니발
댄서포켓몬

타입: 물 / 격투
키: 1.8m 몸무게: 61.9kg

발차기 **한 번**에 트럭을 굴려 버릴 정도로 강한 다릿심을 활용하여 이국적인 춤을 선보여요.

자세히 알아봐요!

어떤 일을 시험 삼아서 해 봄을 나타낼 때는 '한번'이라고 써요. 반면 행동의 횟수를 나타내고 싶다면 '한 번'이라고 쓰지요.

이렇게 써요!
- 우리집에 **한번** 놀러 오세요.
- 나는 그 책을 딱 **한 번**밖에 읽지 못했어요.

흥미진진 정보 톡톡!

우리나라 속담에 '한번 검으면 흴 줄 모른다'는 말이 있어요. 한번 나쁜 행동을 해서 그것이 습관으로 굳어 버리면 좀처럼 고치기 어렵다는 뜻이랍니다.

못 하다 vs 못하다

No. 0566

아켄
최초새포켓몬

타입: 바위 / 비행
키: 0.5m 몸무게: 9.5kg

모든 새포켓몬의 조상이에요. 아켄 자체는 아직 날지 **못해** 나무 위를 점프해서 이동했어요.

자세히 알아봐요!

'못하다'는 어떤 일을 할 능력이 없다는 뜻으로 '-지 못하다'는 앞말이 뜻하는 것을 할 능력이 없음을 나타내요. 어떠한 이유 등으로 하고자 했던 일을 아예 할 수 없을 때는 '못 하다'라고 띄어 써요.

이렇게 써요!

▶ 더러운 물에서는 물고기가 살아남지 **못해요**.
▶ 노느라 숙제를 **못 했어요**.

흥미진진 정보 톡톡!

도도새는 모리셔스 섬에 살았던 새로 지금은 멸종했어요. 큰 몸집에 작고 퇴화된 날개를 가지고 있어서 날지는 못했는데, 이는 모리셔스 섬에 천적이 없어서 하늘을 날아다닐 필요가 없었기 때문이라고 해요.

쉴 새 없이 vs 쉴새 없이

No. 0021

깨비참
아기새포켓몬

타입: 노말 / 비행
키: 0.3m 몸무게: 2.0kg

작은 날개를 **쉴 새 없이** 파닥여 날아올라요. 풀밭에 있는 먹이를 부리로 찾아내요.

자세히 알아봐요!

'쉴 새 없이'는 '쉬다'와 어떤 일에 들이는 시간적인 여유를 뜻하는 '사이'의 준말인 '새', 그리고 '없다'로 구성된 말이에요. 비슷한 뜻의 '쉴 틈 없이'라는 말도 있어요.

이렇게 써요!
▶ 아이들이 **쉴 새 없이** 떠들었다.
▶ **쉴 새 없이** 손님이 들어온다.

흥미진진 정보 톡톡!

스포츠 경기에서 전반전과 후반전 사이에 가지는 쉬는 시간을 '하프 타임'이라고 해요. 축구의 경우, 약 15분간의 하프 타임이 주어져요. 이 시간동안 선수들은 후반전을 준비하며 몸과 마음을 재정비하지요.

저세상 vs 저 세상

No. 0711

펌킨인(보통 사이즈)

호박포켓몬

타입: 고스트 / 풀
키: 0.9m 몸무게: 12.5kg

초승달이 뜨는 밤이 되면 펌킨인이 현관문을 노크해요. 그리고는 열어준 사람을 **저세상**으로 데리고 가요.

자세히 알아봐요!

'저세상'은 죽은 이후에 간다는 저쪽 세상을 뜻해요. '저승'이라고도 하지요. '저 세상'으로 띄어 쓰면 특정한 세상을 가리키는 말이 되어요.

이렇게 써요!

▶ 까딱하다 **저세상**으로 갈 뻔했다.
▶ **저 세상**을 좀 봐. 아름답지 않아?

흥미진진 정보 록록!

멕시코에는 매년 10월 말에서 11월 초에 열리는 '죽은 자들의 날'이라는 축제가 있어요. 멕시코 사람들은 이 기간에 저세상과 이 세상이 연결되어, 죽은 가족들이 잠시 이 세상에 돌아와 함께한다고 믿지요.

한동안 vs 한 동안

No. 1021
날뛰는우레
패러독스포켓몬
타입: 전기 / 드래곤
키: 5.2m 몸무게: 480.0kg

오컬트 잡지에 나와 **한 동안** 화제였던 라이코의 선조를 닮았어요.

자세히 알아봐요!

'동안'은 어느 한때에서 다른 한때까지의 시간의 길이를 말해요. '한동안'은 꽤 오랫동안이라는 뜻이지요. 비슷한 뜻의 '한참'이라는 말도 있어요.

이렇게 써요!
▶ 한동안 몸이 아파서 학교에 가질 못했다.
▶ 한동안 친척 집에서 지냈다.

흥미진진 정보 록록!

'잠'은 눈을 감고 한동안 의식 활동이 쉬는 상태를 뜻해요. 잠을 자는 동안 우리의 몸에는 피로를 회복하고 독소를 배출하는 등 많은 변화가 일어나요.

더욱더 VS 더욱 더

No. 0123

스라크

버마재비포켓몬

타입: 벌레 / 비행
키: 1.5m 몸무게: 56.0kg

양손의 날카로운 낫은 단단한 것을 자르면 자를수록 **더욱더** 날카로워져요.

자세히 알아봐요!

'더욱더'는 '더욱'을 강조하여 이르는 말로, 하나의 단어예요. '더더욱'이라고 써도 같은 뜻이지요. '더욱더욱'은 '갈수록 더욱'이라는 뜻이에요.

- -

이렇게 써요!

▶ 노력하면 실력이 **더욱더** 좋아질 거예요.
▶ 비가 오면서 바람이 **더욱더** 강해졌다.

흥미진진 정보 톡톡!

'알고 있는 일일수록 더욱 명치에 가둬야 한다'라는 속담이 있어요. 어떤 일에 대해 잘 안다고 함부로 행동하지 말고, 늘 말과 행동을 신중하게 해야 한다는 뜻이에요.

잘 하다 vs 잘하다

No. 0534
노보청
근골포켓몬

타입: 격투
키: 1.4m 몸무게: 87.0kg

힘에 의지하지 않고 원심력을 **잘** 활용하여 콘크리트를 휘두르는 기술을 구사해요.

자세히 알아봐요!

'잘'에는 '옳고 바르게', '익숙하고 능란하게' 등의 뜻이 있어요. '잘하다'라고 쓰면 어떤 일을 위와 같이 한다는 뜻이지요. 그 외에 '충분하게', '정확하게' 등의 뜻을 나타낼 때는 '잘 하다'라고 띄어 써요.

이렇게 써요!
▶ 공부를 **잘한다**.
▶ 숙제 **잘 하고** 있니?

흥미진진 정보 톡톡!

'잘하다'는 하는 행동이 못마땅하다는 뜻을 나타낼 때도 쓰여요. 예를 들어, 장난을 치다가 화분을 깨뜨린 아이에게 어른이 "잘한다, 잘해!"라고 말하지요. 이러한 표현법을 반어법이라고 해요.

온몸 VS 온 몸

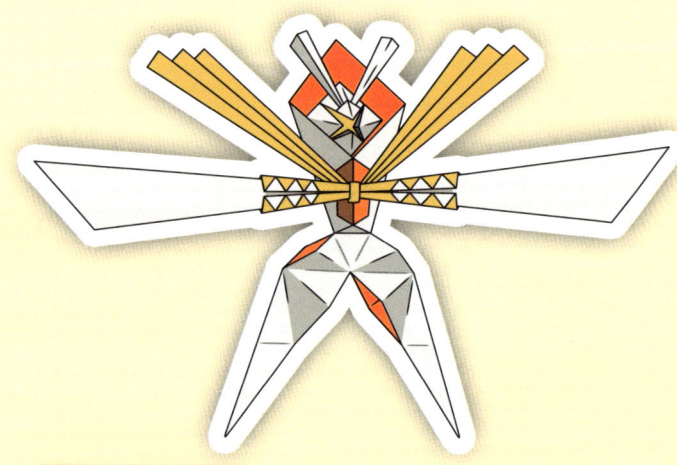

No. 0798

종이신도
발도포켓몬

타입: 풀 / 강철
키: 0.3m 몸무게: 0.1kg

울트라홀에서 나타난 울트라비스트예요. 스스로 적을 덮치진 않지만 **온몸**이 날카로운 흉기지요.

자세히 알아봐요!

'온몸'은 몸 전체를 이르는 말이에요. '온'은 전부 또는 모두라는 의미지요. 전신, 혼신, 일신 등도 몸 전체를 뜻하는 말이에요.

이렇게 써요!
▶ **온몸**이 꽁꽁 얼었다.
▶ 겁이 나서 **온몸**이 덜덜 떨렸어요.

흥미진진 정보 톡톡!

바다에 사는 긴 물고기 먹장어는 항상 끈적끈적한 액체로 온몸을 감싸고 다녀요. 포식자가 먹장어를 잡아먹으려고 하면 이 액체 때문에 숨을 쉬지 못해 뱉어 버린다고 하지요.

형제자매 vs 형제 자매

No. 0888
자시안(역전의 용사)
강자포켓몬

타입: 페어리
키: 2.8m 몸무게: 110.0kg

오랜 세월 잠들어 있던 자마젠타의 **형제자매** 또는 라이벌로 불리는 포켓몬이에요.

자세히 알아봐요!

남자 형제와 여자 형제를 아울러 '형제자매'라고 해요. 남매는 오빠와 누이 또는 누나와 남동생을 이르는 말이에요.

이렇게 써요!
▶ **형제자매** 사이가 두텁다.
▶ 외동인 나는 **형제자매**가 없다.

흥미진진 정보 록록!

우리나라 속담에 '형만 한 아우 없다'라는 말이 있어요. 형이 먼저 세상에 태어나 더 많은 지식과 경험을 하기 때문이에요. 아우가 형을 생각하는 마음보다 형이 아우를 생각하는 마음이 훨씬 크다는 뜻도 있어요.

정도쯤은 VS 정도 쯤은

No. 0248
마기라스
갑옷포켓몬

타입: 바위 / 악
키: 2.0m 몸무게: 202.0kg

주변 지형을 바꾸는 **정도쯤은** 쉽게 해낼 정도의 힘을 가지고 있어요. 주위를 신경 쓰지 않는 대담한 성격이에요.

자세히 알아봐요!

'쯤'은 단어 뒤에 붙여 써서 '알맞은 한도' 또는 '그만큼가량'이라는 뜻을 더하는 말이에요. 비슷한 말로 '정도'라는 뜻을 더하는 '가량'이 있어요.

이렇게 써요!

▶ 눈이 내릴 때**쯤** 도착했다.
▶ 그 일을 끝마치려면 이틀**쯤** 시간이 필요해요.

흥미진진 정보 록록!

'쯤'과 '즘'은 달라요. '즘'은 '즈음'을 줄인 말로, 일이 어찌 될 무렵을 의미해요. 예를 들어, '아빠는 가족이 모두 잠들 즈음에 집에 돌아오셨다.'라고 쓰지요.

~수 없다 VS 수없다

No. 0222
코산호
산호포켓몬

타입: 물 / 바위
키: 0.6m 몸무게: 5.0kg

남쪽의 깨끗한 바다에는 많은 코산호가 있어요. 더러워진 바다에서는 살 **수 없어요**.

🔵 자세히 알아봐요! 🔵

'~수 없다'는 '어떤 행동이나 일이 가능하지 않다는 것을 뜻해요. '수없다'는 헤아릴 수 없을 만큼 그 수가 많은 것을 뜻하며, 보통 '수없는' 꼴로 많이 쓰여요.

이렇게 써요!
▶ 다리가 아파 더 이상 걸을 **수 없다**.
▶ **수없는** 별들이 하늘에 떠 있어요.

흥미진진 정보 톡톡!

세계 최대 인터넷 검색 서비스 기업인 구글은 '구골'이라는 수에서 그 이름을 따왔어요. 구골은 1뒤에 0이 100개나 붙어 있는 어마어마하게 큰 수예요.

뱃속 VS 배 속

No. 0725
냐오불
불고양이포켓몬

타입: 불꽃
키: 0.4m 몸무게: 4.3kg

혀로 털을 정리할 때 **뱃속**에 쌓이는 빠진 털을 태워서 불을 뿜어요. 털을 뱉어 내는 방법에 따라 불꽃도 변해요.

🔴 자세히 알아봐요!

배의 속을 '뱃속'이라고 해요. '마음'을 속되게 이르는 말이기도 해요. 염치 없이 자기 욕심만 차리는 것을 가리켜 '뱃속을 채우다'라고 표현해요.

이렇게 써요!

▶ 엄마 **뱃속**에 동생이 있어요.
▶ 저 사람은 자기 **뱃속**만 채우는 욕심꾸러기야.

흥미진진 정보 톡톡!

고양이는 빗처럼 생긴 혀를 사용해 수시로 몸을 핥으며 털을 정리해요. 이렇게 삼킨 털은 뱃속에 솜뭉치처럼 쌓이게 되고 종종 구토하듯이 뱉어 내요. 이를 '헤어볼'이라고 해요.

뼛속 VS 뼈 속

No. 0979
저승갓숭
분노숭이포켓몬

타입: 격투 / 고스트
키: 1.2m 몸무게: 56.0kg

마음속에 감춰 둔 분노의 파워를 주먹에 담아 날려서 상대를 **뼛속**까지 바스러뜨린다.

자세히 알아봐요!

'뼛속'은 뼈의 안, 골수를 뜻하는 말로 뼛속이라고 붙여 써야 해요. 마음속 깊은 곳을 비유적으로 이르는 말이기도 해요.

이렇게 써요!
▶ 몸살이 걸리니 **뼛속**까지 아픈 것 같아요.
▶ 친구 말을 듣지 않은 것을 **뼛속** 깊이 후회했어요.

흥미진진 정보 톡톡!

우리의 뼈에는 성장판이라는 연골이 있어요. 보통 뼈의 양쪽 끝에 있는데 여기가 성장하면서 키가 커지게 되지요. 사춘기가 지날 무렵부터 성장판이 점차 단단한 뼈로 바뀌면서 성장이 멈춰요.

눈부시다 VS 눈 부시다

No. 0052

나옹
요고고양이포켓몬

타입: 노말
키: 0.4m   몸무게: 4.2kg

눈부시게 빛나는 것을 매우 좋아해요. 빛나는 것을 발견하면 어째선지 이마에 있는 금화도 빛이 나요.

자세히 알아봐요!

'눈부시다'는 빛이 아주 아름답고 황홀하다는 뜻이에요. 활약이나 업적이 뛰어나다는 뜻도 있지요. 단순히 빛이 강렬해서 보기가 힘든 것을 뜻할 때는 '눈 부시다'라고 띄어 써요.

이렇게 써요!
▶ 단풍이 든 가을 숲이 **눈부시게** 아름다워요.
▶ 밖에 나오니 햇빛이 **눈 부셔서** 눈을 감았어요.

흥미진진 정보 록록!

선글라스의 렌즈에는 다른 안경과 달리 특수한 코팅이 되어 있어요. 그래서 눈 부심을 방지할 뿐만 아니라 햇빛의 자외선을 막아 눈을 보호해 줘요.

끌어올리다 VS 끌어 올리다

No. 0106
시라소몬
킥포켓몬

타입: 격투
키: 1.5m 몸무게: 49.8kg

발차기가 적중하는 순간에 발바닥의 근육을 단단하게 하여 위력을 최대로 **끌어올려요**.

자세히 알아봐요!

'끌어올리다'는 어떤 것이나 그것의 수준 등을 높은 지위로 올려 준다는 뜻이에요. 물건을 잡아 당겨 위로 올리는 것을 뜻할 때는 '끌어 올리다'라고 띄어 써요.

이렇게 써요!
▶ 열심히 공부해서 성적을 **끌어올리고** 싶어요.
▶ 바닥에 있는 상자를 책상으로 **끌어 올렸어요**.

흥미진진 정보 톡톡!

공부할 때 집중력을 끌어올리는 방법으로 운동을 많이 추천해요. 실제로 규칙적인 운동이 뇌세포를 생성하고 활성화하는 데 큰 도움을 준다는 연구 결과들이 있어요.

찾아오다 VS 찾아 오다

No. 0146
파이어
화염포켓몬

타입: 불꽃 / 비행
키: 2.0m   몸무게: 60.0kg

전설의 새포켓몬 중의 1마리예요. 파이어가 모습을 보이면 봄이 **찾아온다**고 전해져요.

자세히 알아봐요!

'찾아오다'는 순환하는 계절 따위가 다시 돌아오는 것 또는 볼일을 보거나 특정한 사람을 만나려고 관련된 곳에 오는 것을 뜻해요. 말 그대로 무언가를 찾아서 오는 것을 뜻할 때는 '찾아 오다'라고 띄어 써요.

이렇게 써요!
- 삼촌이 선물을 준다며 집으로 **찾아오셨어요**.
- 친구를 위해 재미있는 만화책을 **찾아 왔어요**.

흥미진진 정보 톡톡!
'찾아오다'에는 잃거나 맡기거나 빌려주었던 것을 돌려받아 가지고 온다는 뜻도 있어요. 예를 들어 '친구에게 빌려주었던 게임기를 찾아 왔다.'처럼 쓸 수 있지요.

한순간 vs 한 순간

No. 0604
저리더프
전기물고기포켓몬
타입: 전기
키: 2.1m 몸무게: 80.5kg

팔 힘으로 바다에서 기어 나와 물가에 있는 먹이를 덮쳐요. **한순간**에 바다로 끌고 들어가요.

자세히 알아봐요!

'한순간'은 매우 짧은 동안을 뜻하는 말이에요. 어떤 특정한 때, 그 한 번의 순간을 뜻할 때는 '한 순간'이라고 띄어 써야 하지요.

이렇게 써요!
- 좋아하는 아이돌의 무대에 **한순간**도 눈을 뗄 수 없었어요.
- 단 **한 순간**도 남을 속여서는 안 돼요.

흥미진진 정보 톡톡!

갑자기 한순간 좁은 지역에 세차게 쏟아졌다가 금방 그치는 비를 소나기라고 하지요. 소나기는 위아래가 두꺼운 구름인 적란운에서 내리며 때로는 천둥 번개나 강풍을 동반하기도 해요.

재미 뿡뿡! 낱말 퍼즐

빈칸에 정답을 넣어 낱말 퍼즐을 완성해 보세요.

가로 열쇠

❶ (스키더)
❷ (파이어)
❸ 더럽게 물듦.
　예) 환경 ○○

세로 열쇠

❶ (마기라스)
❹ (어흥염)
❷ 물을 끓이고 면과 수프를 넣고 기다리면 완성되는 음식.
❸ 반죽한 밀가루에 파를 넣어 구워낸 음식.

3장
잘못 쓰면 뜻이 달라지는 말

빛나다 VS 빗나다

No. 0456
형광어
비어포켓몬

타입: 물
키: 0.4m 몸무게: 7.0kg

몸 옆쪽에 있는 줄에 태양 빛을 모아 둘 수 있어요. 밤이 되면 아름답게 **빛나요**.

🔴 자세히 알아봐요! 🔴

'빛나다'는 빛이 환하게 비칠 때 쓰는 말이에요. 반면 '빗나다'는 똑바르지 않고 비뚜로 나간다는 뜻이에요.

이렇게 써요!
- 햇살이 환하게 **빛나다**.
- 적을 향해 쏜 화살이 그만 **빗나갔다**.

흥미진진 정보 록록!

형광은 빛 에너지를 흡수하여 그중 일부를 다른 빛으로 내놓는 현상이에요. 형광등은 유리관 속에 수은과 아르곤을 넣고 안쪽 벽에 형광 물질을 발라서 만들어요.

튼튼하다 vs 든든하다

No. 0731
콕코구리
딱따구리포켓몬

타입: 노말 / 비행
키: 0.3m 몸무게: 1.2kg

아무리 **튼튼한** 나무라도 초당 16연타의 부리 공격으로 구멍을 뚫어 버려요.

자세히 알아봐요!

'튼튼하다'는 몸이 단단하고 건강하다는 뜻이에요. '든든하다'는 마음이 안심이 되고 믿음직스러운 상태를 가리키지요.

이렇게 써요!
▶ 이 의자는 **튼튼해서** 쉽게 부러지지 않아요.
▶ 네가 있으니 마음이 **든든해**.

흥미진진 정보 톡톡!

다이아몬드는 자연에서 발견되는 광물 중에서 가장 튼튼한 물질이에요. 다이아몬드는 예쁜 보석일뿐만 아니라 단단한 돌이나 다른 금속을 깎는 도구로 사용되어요.

쫓다 vs 좇다

No. 0876

에써르(암컷의 모습)
감정포켓몬

타입: 에스퍼 / 노말
키: 0.9m 몸무게: 28.0kg

싸움을 싫어하여 영역에서 싸움이 일어나면 사이코 파워로 물건을 집어던져 **쫓아**내려 해요.

자세히 알아봐요!

'쫓다'는 누군가를 급히 따르거나 몰아내는 것을 뜻해요. 어떤 목표나 이상을 따를 때는 '좇다'라고 표현해요.

이렇게 써요!
▶ 고양이가 쥐를 쫓다.
▶ 아버지의 유언을 좇아 살다.

흥미진진 정보 록록!

얼룩말이나 코끼리, 기린 같은 야생의 동물들은 쉬지 않고 꼬리를 흔들어요. 몸에 자꾸 달라붙는 해충을 쫓기 위해서지요. 꼬리가 마치 파리채 같은 역할을 하는 거예요.

깊다 vs 깁다

No. 0027
모래두지
쥐포켓몬
타입: 땅
키: 0.6m 몸무게: 12.0kg

깊은 구멍을 파서 생활해요. 위험이 닥치면 몸을 말아 상대의 공격을 가만히 견뎌요.

자세히 알아봐요!

'깊다'는 아래로 멀리 내려가 있을 때 사용해요. '깁다'라고 쓰면 찢어진 곳을 꿰멘다는 뜻이니 유의해요.

이렇게 써요!
▶ 호수가 물이 아주 **깊다**.
▶ 어머니가 찢어진 옷을 **깁고** 계신다.

흥미진진 정보 톡톡!

'깊다'라는 단어는 사람의 성격을 나타낼 때도 쓰여요. 겉으로 드러나지 않아도 마음속으로 다른 사람을 생각하고 배려하는 사람을 '속이 깊다'고 표현한답니다.

대다 VS 데다

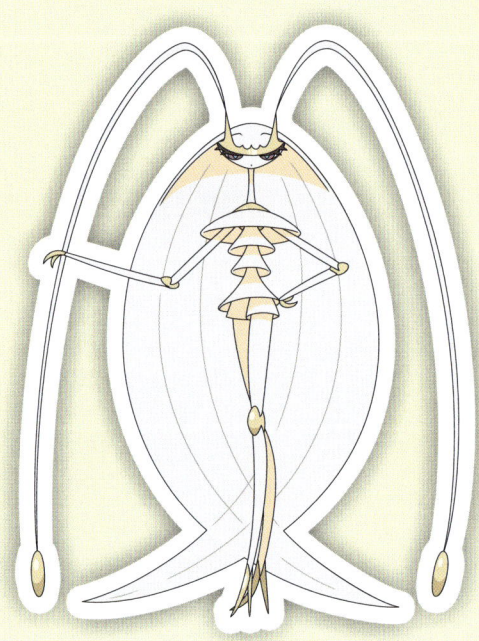

No. 0795
페로코체
염미포켓몬

타입: 벌레 / 격투
키: 1.8m 몸무게: 25.0kg

울트라비스트의 일종이에요. 이 세계의 물건에 불결함을 느끼는 것인지 전혀 손을 **대려** 하지 않아요.

자세히 알아봐요!

'대다'는 시간에 맞추거나 목표를 삼을 때, 혹은 무엇을 어디에 닿게 할 때 등에 쓰여요. '데다'는 뜨거운 것에 피부가 상할 때 쓰는 말이지요.

이렇게 써요!
- 휴대전화를 귀에 **대고** 말을 했어요.
- 뜨거운 물에 팔을 **데다**.

흥미진진 정보 록록!

추운 겨울날에는 따뜻한 핫팩을 많이 들고 다녀요. 핫팩의 온도는 40~70도 정도인데 이걸 피부에 직접, 오래 대고 있으면 저온 화상을 입어 피부에 물집이 생길 수 있어요.

태우다 VS 데우다

No. 0130
갸라도스
흉악포켓몬

타입: 물 / 비행
키: 6.5m 몸무게: 235.0kg

한번 모습을 나타내면 주변 전체를 **태워** 버리지 않고는 분노가 가라앉지 않는다고 전해져요.

자세히 알아봐요!

불을 번지게 하거나 햇볕에 피부를 검게 만들 때, 혹은 음식을 너무 익혔을 때 '태우다'라고 해요. 식은 것을 덥게 만들 때는 '데우다'라고 하지요.

이렇게 써요!
▶ 종이를 **태웠어요**.
▶ 식은 밥을 **데우다**.

흥미진진 정보 톡톡!

급하게 음식을 데울 때는 전자레인지를 사용해요. 전자레인지는 전자파의 일종인 마이크로파를 이용해 음식 속에 들어있는 물 입자를 빠르게 흔들어 열을 발생시키는 원리랍니다.

같다 VS 갔다

No. 0401
귀뚤뚜기
귀뚜라미포켓몬

타입: 벌레
키: 0.3m 몸무게: 2.2kg

다리가 짧아 넘어지려고 할 때마다 단단한 더듬이가 서로 비벼져서 실로폰 같은 소리가 울려요.

자세히 알아봐요!

'같다'는 서로 다르지 않다, 또는 다른 것과 비교하여 그것과 다르지 않다는 뜻이에요. '갔다'는 어떤 곳으로 이동했을 때 쓰는 표현이지요.

이렇게 써요!
- 우리는 쌍둥이라 나이가 **같다**.
- 형이 먼저 학교에 **갔다**.

흥미진진 정보 톡톡!

똑같이 생긴 사람을 비유적으로 이르는 도플갱어라는 말이 있어요. '이중으로 돌아다니는 사람'이라는 뜻의 독일어에서 비롯된 말로 도플갱어를 마주치면 불길한 일이 생긴다는 속설이 있어요.

날뛰다 VS 널뛰다

No. 0952
스코빌런
하바네로포켓몬
타입: 풀 / 불꽃
키: 0.9m 몸무게: 15.0kg

그린 헤드는 매운 성분에 뇌를 자극받아 흉포해졌어요. **날뛰기** 시작하면 손쓸 도리가 없어요.

자세히 알아봐요!

'날뛰다'는 날 듯이 껑충껑충 뛰는 것 또는 함부로 덤비거나 거칠게 행동하는 것 등을 뜻하는 말이에요. '널뛰다'는 널뛰기를 하는 것을 말해요.

이렇게 써요!
▶ 너무 기뻐서 **날뛰다**.
▶ 추석이 되면 **널뛰는** 여자아이들이 보인다.

흥미진진 정보 톡톡!

널뛰기는 우리나라의 민속놀이로 널빤지와 멍석만 있으면 넓은 곳 어디서나 즐길 수 있어요. 주로 음력 정월이나 단오, 추석에 많이 해요.

배다 vs 베다

No. 0944

딱쭈르

독쥐포켓몬

타입: 독 / 노말
키: 0.2m 몸무게: 0.7kg

온화하지만 화가 나게 하면 독이 밴 날카로운 앞니로 물어서 상대를 마비시켜요.

자세히 알아봐요!

'배다'는 스며들거나 버릇이 되어 익숙해진다는 뜻이에요. '베다'는 날카로운 것으로 무언가를 자르거나 또는 베개 등을 머리 아래 받친다는 뜻이에요.

이렇게 써요!

- 옷에 땀이 **배다**.
- 낫으로 벼를 **베다**.

흥미진진 정보 록록!

베개는 '베는 물건'이라는 뜻이에요. '-개'는 '그러한 행위를 하는 간단한 도구'를 뜻하는 말로, 베개 외에도 지우개, 이쑤시개 등 많은 물건에서 볼 수 있어요.

쓰러지다 vs 스러지다

No. 0937
파라블레이즈
불의검사포켓몬

타입: 불꽃 / 고스트
키: 1.6m 몸무게: 62.0kg

양팔의 불꽃 검은 뜻을 다 이루지 못한 채 **스러진** 검사의 원념에 의해 타오르고 있어요.

자세히 알아봐요!

힘이 빠져서 바닥에 눕는 상태가 되면 '쓰러지다'라고 표현해요. 반면 형체가 점점 희미해지면서 없어지면 '스러지다'라고 해요.

이렇게 써요!
▶ 태풍으로 나무가 쓰러졌어요.
▶ 불꽃이 스러지다.

흥미진진 정보 톡톡!

복싱 등의 격렬한 격투 경기에서는 선수가 매트 위에 앉거나 쓰러져서 더 이상 경기를 진행할 수 없는 상황이 생겨요. 이를 녹아웃(Knock-out)이라고 하며 줄여서 KO라고 불러요.

낫다 VS 낳다

No. 0934
콜로솔트
암염포켓몬

타입: 바위
키: 2.3m 몸무게: 240.0kg

손끝을 문질러서 나온 소금을 다친 포켓몬에게 뿌리면 심한 상처도 금방 **나아요**.

자세히 알아봐요!

'낫다'는 병이나 상처 따위가 고쳐져 본래대로 된다는 뜻이에요. '낳다'는 뱃속의 아이, 새끼 등을 몸 밖으로 내놓는 것을 뜻해요. 어떤 결과를 이루거나 가져온다는 뜻도 있지요.

이렇게 써요!
- 병이 다 **낫다**.
- 닭이 알을 **낳았어요**.

흥미진진 정보 톡톡!

뻐꾸기는 다른 새의 둥지에 몰래 알을 낳고 떠나요. 뻐꾸기 새끼가 다른 새의 새끼보다 먼저 태어나면 먹이를 모두 차지하거나 다른 알을 둥지 밖으로 밀어내기도 한답니다.

짙다 VS 짓다

No. 0788
카푸느지느
토속신포켓몬

타입: 물 / 페어리
키: 1.3m 몸무게: 21.2kg

짙은 안개로 적을 혼란시켜 자멸하게 만드는 무서움을 지녔어요. 해류가 에너지의 근원이에요.

자세히 알아봐요!

'짙다'는 빛깔이 강하다, 안개나 연기 따위가 자욱하다 등 여러 가지 뜻이 있어요. '짓다'는 재료를 들여 밥이나 옷 따위를 만들다, 시나 소설 같은 글을 쓰다 등을 뜻하는 말이지요.

이렇게 써요!
▶ 턱에 수염이 **짙다**.
▶ 새가 둥지를 **짓다**.

흥미진진 정보 록록!

짙은 색의 옷은 빛을 더 많이 흡수하기 때문에 여름철에 입으면 무척 더울 수 있어요. 그래서 사막 지역에서는 밝은 색 옷을 주로 입지요.

뿜다 vs 품다

No. 0771
해무기
해삼포켓몬

타입: 물
키: 0.3m 몸무게: 1.2kg

따뜻하고 얕은 여울에 살아요. 상대와 마주치면 체내 기관을 입으로 **뿜어서** 때려눕혀요.

🔍 자세히 알아봐요!

속에 있는 것을 밖으로 세게 밀어내는 것을 '뿜다'라고 해요. '품다'는 반대로 품속에 넣거나 안는 것을 뜻하지요.

이렇게 써요!
▶ 화산이 불을 **뿜었어요**.
▶ 암탉이 알을 **품었어요**.

📎 흥미진진 정보 톡톡!

고래는 물고기처럼 생겼지만 사실 새끼를 낳아 젖을 먹여 기르는 포유류예요. 그래서 숨을 쉬기 위해 물 밖에 나와 숨을 내뿜고 다시 들이마셔야 하지요.

메기다 vs 매기다

No. 0724
모크나이퍼
화살깃포켓몬

타입: 풀 / 고스트
키: 1.6m 몸무게: 36.6kg

날개에 숨겨진 살깃을 시위에 **메겨서** 날려요. 100m 앞의 작은 돌도 관통할 정도로 정밀해요.

자세히 알아봐요!

'메기다'는 활을 시위(활에 건 줄)에 물린다는 뜻이에요. '매기다'는 일정한 기준에 따라 가격이나 등수를 정한다는 뜻이에요.

이렇게 써요!
▶ 화살을 시위에 **메겼어요**.
▶ 시험 점수를 **매기다**.

흥미진진 정보 톡톡!

양궁은 올림픽 종목 중 하나로 서양식으로 만든 활로 과녁에 화살을 쏘아 맞히는 경기예요. 16세기 영국에서 시작된 오락용 활쏘기가 그 기원이라고 해요.

씌다 VS 쓰다

No. O562
데스마스(가라르의 모습)
영혼포켓몬
타입: 땅 / 고스트
키: 0.5m 몸무게: 1.5kg

저주가 새겨진 점토판이 데스마스에 **씌었어요**. 원념의 파워를 흡수했다고 전해져요.

자세히 알아봐요!

'씌다'는 귀신 따위에 접하게 되었다는 뜻이에요. '쓰다'는 글을 적거나 보고서 등을 작성하는 일을 나타내는 말이에요. 모자를 머리에 덮는 일도 같은 표기를 써요.

이렇게 써요!

▶ 이 쉬운 문제를 틀리다니, 내 눈에 뭔가 **씌였었나** 봐.
▶ 소설을 **쓰다**.

흥미진진 정보 톡톡!

역사적 사실에 작가의 상상력을 덧붙여 새로운 사실을 창조해 낸 것을 팩션이라고 해요. 사실을 뜻하는 영어 팩트(fact)와 허구를 뜻하는 픽션(fiction)이 조합된 말이지요.

지니다 vs 지내다

No. 0543
마디네
지네포켓몬

타입: 벌레 / 독
키: 0.4m 몸무게: 5.3kg

이빨에 맹독을 **지녔어요**. 먹을 수 있는 먹이를 발견하면 앞뒤를 가리지 않고 덤벼들어요.

자세히 알아봐요!

'지니다'는 어떤 것을 몸에 간직하여 가지고 있다는 뜻이에요. '지내다'는 사람이 어떤 장소에서 생활을 하면서 시간이 지나가는 상태가 되게 하다라는 뜻이에요.

이렇게 써요!
- 보석을 몸에 **지니다**.
- 요즘 어떻게 **지내**?

흥미진진 정보 톡톡!

몇몇 동물들은 몸에 독을 지니고 있어요. 독뱀, 독개구리, 지네 등이 대표적이지요. 복어의 독인 테트로도톡신은 청산가리보다 1000배 정도 강하다고 해요.

잦다 vs 잣다

No. 0570
조로아
나쁜여우포켓몬

타입: 악
키: 0.7m 몸무게: 12.5kg

상대의 모습으로 둔갑하여 놀라게 해요. 말수가 적은 아이로 둔갑해 있을 때가 **잦다고** 해요.

자세히 알아봐요!

'잦다'는 어떤 일이 자주 반복되는 것을 뜻해요. 반면 '잣다'는 물레 따위로 섬유에서 실을 뽑는다는 뜻이에요.

이렇게 써요!
- 이 도로는 사고가 **잦아요**.
- 물레로 실을 **잣다**.

흥미진진 정보 톡톡!

거미는 엉덩이에 있는 실샘에서 거미줄이라는 실을 자아내어 집을 지어요. 그리고 먹잇감이 거미줄에 걸리길 기다리지요. 거미줄은 매우 튼튼해서 같은 굵기의 강철보다 강하다고 해요.

걸치다 VS 거치다

No. 0572
치라미
친칠라포켓몬
타입: 노말
키: 0.4m 몸무게: 5.8kg

자신의 몸이나 보금자리를 청소하느라 더러워진 꼬리는 깨끗한 샘물로 하루에 **걸쳐서** 씻어요.

자세히 알아봐요!

'걸치다'는 해나 달이 산이나 고개에 얹힐 때 또는 시간이나 공간이 이어질 때 사용해요.
'거치다'는 어떤 과정이나 장소를 지날 때 사용해요.

이렇게 써요!
▶ 영화가 두 시간에 **걸쳐** 상영되다.
▶ 대전을 **거쳐** 서울로 가다.

흥미진진 정보 톡톡!

'걸치다'와 '거치다'와 헷갈리는 또다른 말로 '걷히다'가 있어요. 구름이나 안개가 흩어져 없어진다는 뜻으로, '안개가 걷히다.'라고 쓸 수 있어요. 비가 그치고 맑게 갠다는 뜻도 있어요.

옅다 vs 얕다

No. 0586

바라철록(봄의 모습)

계절포켓몬

타입: 노말 / 풀
키: 1.9m 몸무게: 92.5kg

애호가가 많은 포켓몬이에요. 뿔에 핀 분홍색 꽃의 색이 **옅을수록** 아름다운 것으로 여겨져요.

자세히 알아봐요!

'옅다'는 빛깔이나 농도, 냄새 등이 흐리거나 연함을 표현할 때 사용해요. '얕다'는 깊이가 깊지 않다는 뜻으로, 어떤 것의 깊이나 높이가 낮음을 표현할 때 쓰지요.

이렇게 써요!
▶ 향수 냄새가 **옅다**.
▶ 호수가 **얕아서** 바닥이 보여요.

흥미진진 정보 록록!

맑은 강물의 깊이는 실제보다 얕아 보여요. 하지만 이건 빛이 물과 공기의 경계에서 꺾이기 때문에 생기는 현상이에요. 물속에 잠긴 빨대가 꺾여 보이는 것도 같은 원리예요.

거느리다 VS 거닐다

No. 0593
탱탱겔(수컷의 모습)
부유포켓몬
타입:물 / 고스트
키:2.2m 몸무게:135.0kg

보름달이 뜨면 무리를 **거느리고** 해수면에 모습을 드러내요. 먹이가 오기를 기다리는 거예요.

자세히 알아봐요!

'거느리다'는 무리를 이끌거나 데리고 다닌다는 뜻이에요. '거닐다'는 이리저리 천천히 한가로이 걷는다는 뜻이지요.

이렇게 써요!
- 많은 부하를 **거느리다**.
- 공원을 천천히 **거닐었어요**.

흥미진진 정보 톡톡!

코끼리는 암컷이 우두머리가 되어 새끼들과 무리를 이루어 살아가요. 우두머리 암컷은 물과 먹이를 찾고, 새끼들이 잘 자랄 수 있도록 무리를 이끌지요. 수컷은 다 자라면 무리를 떠나 홀로 생활해요.

맞물리다 VS 마무르다

No. 0599
기어르
톱니바퀴포켓몬
타입: 강철
키: 0.3m 몸무게: 21.0kg

2개의 몸은 쌍둥이보다도 가까워요. 다른 몸과 있으면 제대로 **맞물리지** 못해요.

🔍 자세히 알아봐요!

'맞물리다'는 두 물체가 마주 물렸다는 뜻이에요. 무엇이 서로 밀접한 관련을 맺으며 어우러진다는 뜻도 있지요. '마무르다'는 물건의 가장자리를 꾸며서 일을 끝맺거나 일의 뒤끝을 맺는다는 뜻이에요.

이렇게 써요!
▶ 기계의 톱니바퀴가 **맞물려** 돌아가다.
▶ 일은 잘 **마무르고** 왔니?

📎 흥미진진 정보 톡톡!

서로 맞물리는 것을 가리켜 '엇끼다'라고 표현해요. 예를 들어 톱니바퀴는 각 바퀴의 이가 엇끼어 돌아가는 것이지요. '우리 반은 모두 잘 엇끼어 있어서 협동을 잘한다.'라고 쓸 수도 있어요.

뺏다 VS 빼다

No. 0621
크리만
동굴포켓몬
타입: 드래곤
키: 1.6m 몸무게: 139.0kg

난폭하고 교활해요. 다른 포켓몬이 파낸 굴을 빼앗아 거처로 삼아요.

자세히 알아봐요!

'뺏다'는 '빼앗다'의 준말로 남의 것을 억지로 제 것으로 만든다는 뜻이에요. '빼다'는 속에 있는 것이나 박혀 있는 것을 밖으로 나오게 한다는 뜻이에요. 전체에서 일부를 제외한다는 뜻도 있지요.

이렇게 써요!

- 동생이 내 장난감을 뺏어 갔다.
- 음료에서 얼음을 빼고 마셨다.

흥미진진 정보 톡톡!

해적은 바다 위에서 다른 배를 습격해 사람을 해치고 보물을 빼앗는 사람들이에요. 바다의 도둑이라는 뜻이지요. 산속에 근거지를 두고 활동하는 도둑은 산적이라고 해요.

새다 VS 세다

No. 0646

큐레무(큐레무의 모습)

경계포켓몬

타입: 드래곤 / 얼음
키: 3.0m 몸무게: 325.0kg

강력한 냉동 에너지를 체내에서 만들어 내지만 **새어** 나온 냉기에 몸이 얼어 있어요.

🔵 자세히 알아봐요! 🔵

'새다'는 물이나 빛 등이 구멍이나 틈으로 빠져나오는 것을 말해요. '세다'는 힘이 많거나 수를 헤아릴 때 사용하지요.

이렇게 써요!

▶ 지붕에 물이 샌다.
▶ 오늘은 바람이 세서 추워요.

📎 흥미진진 정보 톡톡!

'집에서 새는 바가지는 들에 가도 샌다'라는 속담이 있어요. 집 안에서 하는 안좋은 행동이나 습관은 밖에서도 똑같이 하기 쉽다는 뜻으로, 좋지 않은 본성은 어디서든 드러난다는 말이지요.

덮다 VS 덥다

No. 0677
냐스퍼
자제포켓몬

타입: 에스퍼
키: 0.3m 몸무게: 3.5kg

체내의 강한 사이코 파워가 새어 나가지 않게 귀를 **덮고** 있으나 너무 오래 모아 두면 의식을 잃고 말아요.

자세히 알아봐요!

물건을 위에서 감싸거나 가릴 때는 '덮다'라고 표현해요. 어떤 사실을 드러내지 않고 그대로 두거나 숨기는 일도 '덮다'라고 하지요. 체온이나 온도가 높으면 '덥다'라고 해요.

이렇게 써요!
▶ 이불을 **덮고** 자다.
▶ 운동을 하고 나니 **덥다**.

흥미진진 정보 톡톡!

'스코티쉬 폴드'라는 고양이 품종은 동그란 얼굴에, 동그란 눈, 그리고 귀가 머리를 덮고 있는 것처럼 앞으로 굽은 것이 특징이에요. 귀여운 외모에 상냥한 성격으로 많은 사랑을 받고 있지요.

묶다 VS 묵다

No. 0684
나룸퍼프
솜사탕포켓몬

타입: 페어리
키: 0.4m 몸무게: 3.5kg

푹신푹신한 털은 솜사탕처럼 달콤한 냄새가 나요. 끈끈한 실을 내어 상대를 **묶어**버려요.

🔴 자세히 알아봐요! 🔴

'묶다'는 끈이나 줄 등을 어떤 사람이나 사물에 단단히 잡아맨다는 뜻이에요. 끈, 줄 따위를 매듭으로 만든다는 뜻도 있지요. '묵다'는 일정한 때를 지나 오래된 상태가 되는 것 또는 일정한 곳에서 나그네로 머무르는 것을 뜻해요.

이렇게 써요!

- 신발끈을 잘 **묶어라**.
- 친구 집에서 며칠 **묵다**.

흥미진진 정보 톡톡!

김치의 발효는 유산균에 의해 일어나요. 아주 오랫동안 발효시킨 김치인 묵은지는 오히려 유산균은 물론 비타민C도 줄어들지만 특유의 신맛과 깊은 맛이 우러나 다양한 요리에 활용할 수 있어요.

떠돌다 VS 떠들다

No. 0710
호바귀(보통 사이즈)
호박포켓몬
타입: 고스트 / 풀
키: 0.4m 몸무게: 5.0kg

이승을 **떠도는** 영혼은 호바귀의 몸속에 들어간 뒤 저승으로 떠나요.

자세히 알아봐요!

'떠돌다'는 한곳에 머물지 않고 여기저기 돌아다니는 것을 의미해요. '떠들다'는 시끄럽게 큰 소리를 말하는 것을 뜻해요.

이렇게 써요!
- 하늘에 구름이 **떠돌다**.
- 교실에서 **떠들지** 않아요.

흥미진진 정보 록록!

구름은 바람에 실려 이곳저곳을 떠돌아다니고 모양도 끊임없이 바뀌어요. 그래서 사람들은 한곳에 얽매이지 않고 자유롭게 사는 삶을 구름에 비유하기도 해요.

젖다 VS 젓다

No. 0946
그푸리
회전초포켓몬

타입: 풀 / 고스트
키: 0.6m 몸무게: 0.6kg

바람에 날려 황야를 구르며 어디로 가는지는 자신도 몰라요. 몸이 **젖는** 것을 매우 싫어해요.

자세히 알아봐요!

'젖다'는 물이 배어서 축축하게 되었다는 뜻이에요. '젓다'는 액체나 가루 등이 고르게 섞이도록 손이나 기구를 내용물에 넣어 이리저리 돌린다는 뜻이에요.

이렇게 써요!
- 비가 와서 옷이 **젖었다**.
- 우유에 설탕을 넣고 **저었어요**.

흥미진진 정보 록록!

비가 내리면 독특한 냄새가 나요. 이를 '페트리코'라고 해요. 흙 냄새와 비슷하기도 하고 상쾌한 느낌도 나지요. 흙 속에 있는 세균과 식물들이 분출한 기름이 공기 중에 분출되며 나는 냄새로 추정돼요.

다르다 VS 틀리다

No. 0666
비비용(화원의 모양)
인븐포켓몬
- 타입: 벌레 / 비행
- 키: 1.2m 몸무게: 17.0kg

살고 있는 장소의 기후나 풍토에 따라 날개의 모양이 **다른** 포켓몬이에요. 화려한 색의 날개 가루를 뿌려요.

자세히 알아봐요!

'다르다'는 비교되는 두 대상이 같지 않다는 뜻이에요. '틀리다'는 셈이나 사실 등이 그르거나 어긋난다는 뜻이지요.

이렇게 써요!
- 나는 동생과 성격이 **다르다**.
- 계산을 **틀렸어요**.

흥미진진 정보 톡톡!

'겉 다르고 속 다르다'라는 속담이 있어요. 겉으로 드러나는 행동과 마음속으로 품은 생각이 서로 다르다는 뜻으로, 사람의 됨됨이가 바르지 못함을 이르는 말이에요.

적다 VS 작다

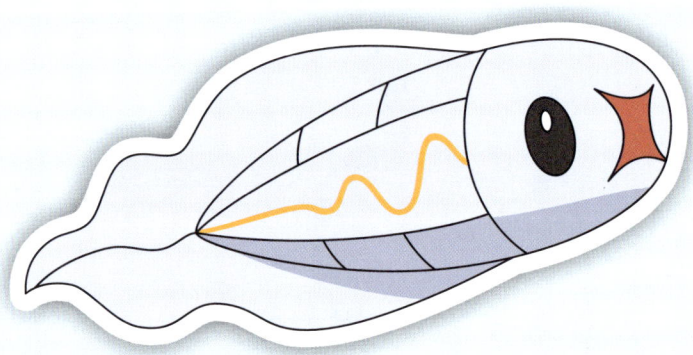

No. 0602
저리어
전기물고기포켓몬
타입: 전기
키: 0.2m 몸무게: 0.3kg

한 마리의 전력은 **적지만** 많은 저리어가 연결되면 번개와 같은 위력이 돼요.

🔵 자세히 알아봐요! 🔵

'적다'는 수나 분량, 정도가 일정한 기준보다 덜하다는 뜻이에요. '작다'는 길이, 넓이, 부피 등이 보통보다 덜하다는 뜻이지요.

이렇게 써요!
▶ 참가자가 **적어서** 대회가 취소되었다.
▶ 옷이 나에게 **작아서** 입을 수가 없어요.

흥미진진 정보 톡톡!

정어리는 작은 몸집을 가진 물고기이지만, 수십만 또는 수백만 마리가 모여 엄청나게 큰 떼를 이루어 다녀요. 정어리는 수많은 해양 생물의 먹이가 되어 '바다의 쌀'이라고 불린다고 해요.

저지하다 VS 지지하다

No. 0740
모단단계
털게포켓몬

타입: 격투 / 얼음
키: 1.7m   몸무게: 180.0kg

펀치는 강력하지만 움직임이 둔해요. 입에서 얼음 거품을 뿜어서 상대의 움직임을 **저지해요**.

자세히 알아봐요!

'저지하다'는 막아서 무언가를 못 하게 한다는 뜻이에요. '지지하다'는 어떤 사람의 의견이나 생각 등에 뜻을 같이하여 힘을 쓴다는 뜻이에요. 무거운 물건을 받친다는 뜻도 있어요.

이렇게 써요!
- 상대 공격수를 **저지했어요**.
- 나는 반장의 생각을 **지지해**!

흥미진진 정보 록록!

대통령이나 국회의원 등을 투표로 뽑는 일이 선거예요. 매년 선거 날이 다가오면 후보자들은 자신들을 지지해 주는 국민들을 모으기 위해 정책을 홍보하고, 포스터를 붙이는 등 선거 운동을 벌여요.

쬐다 VS 죄다

No. 0951
캡싸이
하바네로포켓몬
타입: 풀
키: 0.3m 몸무게: 3.0kg

태양 빛을 **쬐면** 쬘수록 체내의 매운 성분이 늘어나서 기술이 점점 더 매워져요.

🔴 자세히 알아봐요!

햇볕이나 불 등을 직접 받을 때 '쬐다'라고 해요. 반면 '죄다'는 느슨한 것을 단단하게 할 때 사용하는 말이지요.

이렇게 써요!
▶ 따뜻한 햇살을 **쬐니** 기분이 좋다.
▶ 허리띠를 단단히 **죄었다**.

📎 흥미진진 정보 록록!

햇볕을 받으면 우리 몸에서는 뼈를 튼튼하게 해주는 비타민D가 만들어져요. 또한 세로토닌이라고 하는 호르몬의 분비가 촉진되어 스트레스를 줄이고, 기억력을 좋게 하는 등 건강에 도움을 줘요.

묻히다 vs 무치다

No. 0945
태깅구르
독원숭이포켓몬
타입: 독 / 노말
키: 0.7m 몸무게: 27.2kg

먹이에 따라 색이 변하는 독성의 침을 손가락에 **묻혀서** 숲의 나무들에 무늬를 그려요.

자세히 알아봐요!

'묻히다'는 어떤 것이 다른 것에 들러붙거나 흙 등에 덮여 보이지 않게 될 때 사용해요. '무치다'는 나물 등에 양념을 넣고 골고루 섞을 때 사용해요.

이렇게 써요!
- 동생이 초콜릿을 얼굴에 잔뜩 **묻혔다**.
- 시금치를 양념에 **무치다**.

흥미진진 정보 톡톡!

아기들은 침샘이 빠르게 발달해서 침 분비가 많아져요. 하지만 입을 닫거나 침을 삼키는 근육의 조절은 아직 서투르지요. 그래서 침을 많이 흘리고 여기저기 묻히게 돼요.

짖다 vs 찢다

No. 0745
루가루암(황혼의 모습)
늑대포켓몬
타입: 바위
키: 0.8m 몸무게: 25.0kg

평소에는 잘 **짖지도** 않지만 일단 싸우기 시작하면 자비 없이 상대를 몰아붙여요.

🔍 자세히 알아봐요!

'짖다'는 동물이 소리를 내는 것을 말해요. 반면 '찢다'는 종이나 천 등을 강제로 잡아당겨서 가르는 것을 뜻하지요.

이렇게 써요!
▶ 개가 고양이를 보고 **짖었어요.**
▶ 종이를 조각조각 **찢었다.**

📎 흥미진진 정보 톡톡!

서양 속담에 '짖는 개는 물지 않는다'는 말이 있어요. 말만하고 행동은 하지 않는 사람을 가리켜 하는 말이에요. '빈 수레가 요란하다'라는 속담과 뜻이 비슷해요.

잊다 vs 잇다

No. 0744
암멍이
강아지포켓몬

타입: 바위
키: 0.5m 몸무게: 9.2kg

어렸을 때는 매우 잘 따라요. 자라면서 성질이 사나워지지만 주인에게 입은 은혜는 **잊지** 않아요.

자세히 알아봐요!

'잊다'는 한번 알았던 것을 기억하지 못할 때 사용하는 말이에요. '잇다'는 두 끝을 맞대어 붙인다는 뜻이에요. 어떤 일을 끊어지지 않게 계속한다는 뜻도 있지요.

이렇게 써요!
- 약속을 깜빡 잊다.
- 끊어진 실을 잇다.

흥미진진 정보 톡톡!

1993년 진도에 살던 진돗개 백구는 먼 곳에 팔려갔어요. 하지만 주인을 잊지 못해 수개월 동안 산 넘고 강 넘어 집으로 돌아와 크게 유명해졌지요.

어떤 포켓몬에 대한 설명일까요?

포켓몬에 대한 설명을 잘 읽어 보고 누구의 것인지 찾아 선으로 이어 주세요.

털에서 솜사탕처럼 달콤한 냄새가 나!

체내에 강한 사이코 파워가 있어.

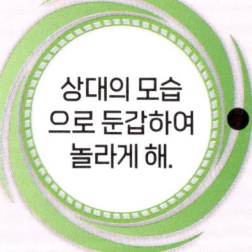
상대의 모습으로 둔갑하여 놀라게 해.

깊은 구멍을 파서 생활해.

냐스퍼

모래두지

나룸퍼프

조로아

4장 알쏭달쏭 헷갈리는 말

~채 VS ~째

No. 0950
절벽게
매복포켓몬
타입: 바위
키: 1.3m 몸무게: 79.0kg

거꾸로 매달린 **채** 절벽 위에서 먹이를 노리지만, 머리에 피가 몰리기 때문에 오랫동안은 버틸 수 없다고 해요.

자세히 알아봐요!

'~채'는 어떤 상태가 그대로 유지될 때 사용되요. 반면 '~째'는 그대로 또는 전부를 의미하지요.

이렇게 써요!
- 앉은 **채** 잠이 들었다.
- 사과를 껍질**째** 먹었어요.

흥미진진 정보 톡톡!

'~째'는 '첫째, 둘째' 처럼 차례나 등급을 의미하기도 해요. '채'는 '말이 채 끝나기도 전에'와 같이 어떤 동작에 이르지 못한 상태를 나타내기도 해요.

떼 VS 때

No. 0975
우락고래
육지고래포켓몬
타입: 얼음
키: 4.5m 몸무게: 700.0kg

빙설 지대를 떼 지어 다녀요. 강인한 근육과 두꺼운 피하지방으로 몸을 보호해요.

자세히 알아봐요!

'떼'는 행동을 같이 하는 무리를 말해요. '때'는 어떤 시간이나 기회를 나타내지요. 끼니나 식사 시간, 어떤 경우 등을 뜻하기도 해요.

이렇게 써요!
▶ 새 떼가 하늘 높이 날아간다.
▶ 너를 처음 만났을 때가 생각나.

흥미진진 정보 록록!

'단꿀에 덤비는 개미 떼'라는 속담이 있어요. 눈앞의 이익만을 보고 앞뒤를 생각하지 않고 덤벼드는 것을 비유적으로 이르는 말이지요.

사례 VS 사례

No. 0991

무쇠보따리
패러독스포켓몬

타입: 얼음 / 물
키 0.6m 몸무게 11.0kg

오래된 서적에 등장하는 정체불명의 물체를 닮은 포켓몬이에요. 목격된 **사례**는 과거에 단 2건뿐이지요.

🔵 자세히 알아봐요! 🔵

'사례'는 어떤 일이 전에 실제로 일어난 예를 뜻하는 말이에요. '사레'는 음식 등이 목에 걸려 기침이 나는 것을 말하지요.

이렇게 써요!
▶ **사례**를 들어서 설명하다.
▶ 급하게 먹다가 **사레**들려 기침을 했어요.

📎 흥미진진 정보 록록!

우리 목에는 음식이 다니는 식도와 공기가 다니는 기도가 있어요. 만약 음식이나 침이 잘못해서 기도로 들어가면 우리 몸은 기침을 해서 위로 밀어내는데 이것을 사레들렸다고 해요.

붙임 VS 부침

No. 1000
타부자고
보물생명체포켓몬
타입: 강철 / 고스트
키: 1.2m 몸무게: 30.0kg

몸은 1000개의 코인으로 이뤄져 있다고 해요. **붙임**성이 좋아서 누구와도 금방 친해져요.

자세히 알아봐요!

'붙이다'는 맞닿아 떨어지지 않게 한다는뜻이에요. '붙임성'은 남과 잘 사귀는 성질이나 수단을 말하지요. 반면 '부침'은 기름에 부쳐서 만드는 빈대떡, 전 같은 음식을 말해요.

이렇게 써요!
▶ 동생은 **붙임**성이 좋아 누구와도 친해진다.
▶ 나는 계란 **부침**을 좋아해요.

흥미진진 정보 록록!

개는 사람과의 붙임성이 뛰어난 동물 중 하나예요. 오랜 시간 사람의 손에 길들여졌기 때문에 사람을 좋아하고 잘 따르지요. 냄새와 목소리 만으로 주인의 기분을 알아차리고 옆에 다가와 위로해주기도 한답니다.

껍질 VS 껍데기

No. 0864

산호르곤
산호포켓몬

타입: 고스트
키: 1.0m 몸무게: 0.4kg

영력이 높아져서 **껍질**에서 해방되었어요. 영체로 핵이 되는 영혼을 지켜요.

자세히 알아봐요!

'껍질'은 물체의 겉을 싸고 있는 단단하지 않은 물질을 뜻해요. '껍데기'는 달걀이나 조개 따위의 겉을 감싸고 있는 단단한 물질이에요.

이렇게 써요!
- 바나나 **껍질**을 까서 먹다.
- 바다에서 소라 **껍데기**를 주웠어요.

흥미진진 정보 록록!

'등껍질'은 등가죽이나 등의 살갗을 속되게 이르는 말이에요. 거북의 단단한 등딱지를 등껍질이라고도 부르지요. 거북의 등껍질은 갈비뼈와 등뼈가 진화되어 형성된 것이라고 해요.

천적 VS 정적

No. 0823

아머까오
까마귀포켓몬

타입: 비행 / 강철
키: 2.2m 몸무게: 75.0kg

비행 중에 **천적**에게 공격을 받으면 승객도 위험해질 수 있어서 팔데아에서는 택시로 활용할 수 없어요.

자세히 알아봐요!

'천적'은 어떤 동물을 잡아먹는 상대 동물을 이르는 말이에요. '정적'은 정치적으로 대립되는 처지에 있는 사람을 말하지요.

이렇게 써요!
- 고양이는 쥐의 **천적**이다.
- 선거에서 승리하려면 **정적**을 이겨야 해요.

흥미진진 정보 톡톡!

천적은 생태계를 유지하는 중요한 존재예요. 예를 들어 토끼를 잡아먹는 여우의 수가 줄어든다면 토끼가 풀과 나뭇잎을 너무 많이 먹어버려 숲이 황폐해지고 말 거예요.

볏 vs 볕

No. 0398
찌르호크
맹금포켓몬
타입: 노말 / 비행
키: 1.2m 몸무게: 24.9kg

자신의 몸이 상처를 입더라도 공격을 그만두지 않게 되었어요. **볏**의 모양을 신경 써요.

🔍 자세히 알아봐요!

'**볏**'은 새의 머리나 턱, 목에 붙은 붉은 살조각을 말해요. 반면 '**볕**'은 해가 내리쬐는 기운을 말해요.

이렇게 써요!
▶ 닭이 **볏**을 세우며 울어댔다.
▶ 한낮에는 **볕**이 뜨겁다.

📎 흥미진진 정보 록록!

볏은 수탉과 암탉 모두 가지고 있어요. 다만, 수탉의 볏이 더 크고 선명한 색을 띠어요. 멋진 볏을 가진 수탉일수록 암탉에게 인기가 많지요.

왠 VS 웬

No. 0799
악식킹
악식성포켓몬
타입: 악 / 드래곤
키: 5.5m 몸무게: 888.0kg

위험생물 비스트의 일종이에요. 항상 무언가를 먹고 있는 듯하지만 **왠인지** 배설물은 발견되지 않았어요.

🔴 자세히 알아봐요! 🔴

'왠지'는 '왜인지'를 줄인 말로, '왜 그런지 모르게' 또는 '뚜렷한 이유도 없이'라는 뜻이에요. '웬'은 '어찌된' 또는 '어떠한' 이라는 뜻이지요. '웬지'라고는 쓰지 않아요.

이렇게 써요!
▶ 오늘은 **왠지** 기분이 좋다.
▶ **웬** 낯선 사람이 방문했다.

흥미진진 정보 톡톡!

'왠'과 '웬'은 헷갈리기 쉬워요. 하지만 '왠'이 들어가는 단어는 '왠지' 하나뿐이에요. 그 외에는 '웬일이야?', '웬 돈이야?' 등 모두 '웬'을 사용한답니다.

~대로 VS ~데로

No. 0767
꼬시레
주행포켓몬

타입: 벌레 / 물
키: 0.5m 몸무게: 12.0kg

상한 것이든 쓰레기든 닥치는 **대로** 먹어 치우는 자연의 청소부예요. 둥지 주변은 언제나 깨끗해요.

자세히 알아봐요!

앞에 오는 말에 근거하거나 달라짐이 없음을 나타낼 때는 '~대로'라고 사용해요. 반면 '데'는 어떤 곳이나 장소를 나타내는 말로 '~데로'라고 하면 앞의 말이 뜻하는 '어떤 곳으로'라는 뜻이 돼요.

이렇게 써요!
- 네가 좋을 **대로** 하렴.
- 높은 **데로** 가야 먼 곳이 잘 보여.

흥미진진 정보 톡톡!

상어의 한 종류인 뱀상어는 아무거나 닥치는 대로 먹어 치워요. 뱀상어의 뱃속에서 타이어, 신발, 갑옷까지 발견된 적이 있지요. 그래서 '바다의 청소부'라는 별명이 있어요.

졸이다 VS 조리다

No. 0761

달콤아
후르츠포켓몬

타입: 풀
키: 0.3m 몸무게: 3.2kg

과일을 **졸인** 것만 같은 달콤한 땀을 흘리기 때문에, 달콤한 음식이 적었던 옛날에는 매우 귀하게 여겨졌어요.

자세히 알아봐요!

'졸이다'와 '조리다'는 비슷한 듯 달라요. '졸이다'는 물을 증발시켜서 물의 분량을 적어지게 한다는 뜻이에요. '조리다'는 고기나 채소 등을 물에 넣고 끓여 양념이 배게 한다는 뜻이지요.

이렇게 써요!
▶ 시험 결과를 기다리며 마음을 **졸이다**.
▶ 생선을 간장에 **조리다**.

흥미진진 정보 톡톡!

조림은 '조리다'에서 나온 단어로 우리나라에서 흔히 볼 수 있는 반찬이에요. 장조림이 대표적으로 쇠고기나 돼지고기, 메추리알을 간장에 넣어 조려서 만든답니다.

갈가리 vs 갈고리

No. 0807
제라오라
신뢰포켓몬

타입: 전기
키: 1.5m 몸무게: 44.5kg

양 손발톱에 전기를 머금어 상대를 **갈가리** 찢어요. 피하더라도 흩날리는 전격으로 감전시켜요.

🔴 자세히 알아봐요!

'갈가리'는 '가리가리'의 줄임말로 여러 가닥으로 갈라진 모양을 말해요. 반면 '갈고리'는 끝이 뾰족하고 꼬부라진 연장을 말해요.

이렇게 써요!
- 편지를 **갈가리** 찢어 버리다.
- **갈고리**에 물건을 걸어 두었어요.

흥미진진 정보 톡톡!

독수리, 매, 부엉이 같은 맹금류는 날카로운 갈고리 모양의 발톱을 가지고 있어요. 이 무시무시한 발톱으로 먹이가 도망치지 못하게 꽉 움켜 잡아 사냥을 한답니다.

낯 VS 낮

No. 0585

사철록(가을의 모습)
계절포켓몬

타입: 노말 / 풀
키: 0.6m 몸무게: 19.5kg

낯을 가리지 않는 성격이라 인간이 앞에 있어도 눈치 보지 않아요. 먹이를 주면 금방 친해질 수 있어요.

🔴 자세히 알아봐요! 🔴

'낯'은 얼굴을 뜻해요. 남을 대한 체면을 뜻하는 말이기도 하지요. 반면 '낮'은 해가 뜰 때부터 질 때까지의 동안을 뜻하는 말이에요.

이렇게 써요!
▶ 부끄러워서 **낯**이 붉어졌다.
▶ 겨울이 되니 **낮**이 짧아졌어요.

📎 흥미진진 정보 톡톡!

낯과 관련된 다양한 표현이 있어요. '낯이 두껍다'는 부끄러움을 모르고 뻔뻔하다는 뜻이에요. '낯이 뜨겁다'는 무척 부끄러울 때, '낯을 가리다'는 낯선 사람을 대하기 싫어하는 경우에 사용하지요.

빛 VS 빚

No. 0694
목도리키텔
발전포켓몬

타입: 전기 / 노말
키: 0.5m 몸무게: 6.0kg

머리에 있는 주름을 펼쳐서 태양의 **빛**으로 발전하면 파워풀한 전기 기술을 쓸 수 있게 돼요.

자세히 알아봐요!

'빛'은 밝은 광선이나 빛깔, 분위기 등을 뜻해요. '빚'은 남에게 갚아야 할 돈을 뜻해요. 갚아야 할 은혜를 비유적으로 이르는 말이기도 해요.

이렇게 써요!
▶ 보석이 반짝반짝 **빛**이 나요.
▶ **빚**을 내어 집을 사다.

📎 흥미진진 정보 톡톡!

태양은 스스로 빛을 내요. 이런 천체를 별, 또는 항성이라고 하지요. 별을 중심으로 도는 천체를 행성이라고 하며, 태양계에는 수성, 금성, 지구, 화성, 목성, 토성, 천왕성, 해왕성 이렇게 여덟 개의 행성이 있어요.

띠다 VS 띄다

No. 0829
꼬모카
꽃장식포켓몬

타입: 풀
키: 0.4m   몸무게: 2.2kg

다리 하나를 땅에 꽂은 채 햇빛을 잔뜩 받으면 꽃잎이 선명한 색을 **띠게** 되어요.

자세히 알아봐요!

빛깔이나 색을 가지거나, 감정이나 기운 등을 나타낼 때 '띠다'라고 해요. 반면 눈에 보이거나 드러낼 때는 '띄다'라고 하지요.

이렇게 써요!
▶ 얼굴에 웃음을 **띠다**.
▶ 저 선수는 눈에 **띄게** 잘한다.

흥미진진 정보 톡톡!

빨간색은 먼 거리에서도 가장 눈에 띄는 색이에요. 이 때문에 주의를 끌거나 위험을 알리는 데 많이 사용되어요. 소방차와 같은 긴급 차량이나 경광등, 신호등에서 빨간색이 쓰이는 것은 이런 이유 때문이에요.

뽐 VS 폼

No. 0697

견고라스
폭군포켓몬

타입: 바위 / 드래곤
키: 2.5m 몸무게: 270.0kg

1억 년 전 세계에서는 무적을 **뽐**내며 왕처럼 행동하던 포켓몬이에요.

자세히 알아봐요!

'뽐'은 빼어난 것을 이르는 말로, 우쭐거리며 자랑하는 것을 '뽐내다'라고 해요. 반면 '폼'은 겉모습이나 자세, 멋을 의미해요.

이렇게 써요!

▶ 새 옷을 입고 **뽐**을 냈다.
▶ 멋지게 **폼**을 잡고 사진을 찍었다.

흥미진진 정보 록록!

폼(form)은 영어로, 행동이나 말씨에서 드러나는 태도나 됨됨이를 뜻하는 우리나라 말 '품'도 비슷한 뜻을 가지고 있어요. 품은 '품새'라고도 써요.

숯 VS 숱

No. 0935
카르본
불의아이포켓몬

타입: 불꽃
키: 0.6m 몸무게: 10.5kg

불탄 숯에 영혼이 깃들어서 포켓몬이 되었어요. 타오르는 투지로 강한 상대에게도 싸움을 걸어요.

자세히 알아봐요!

'숯'은 나무를 숯가마에 넣어 구워 낸 검은 덩어리예요. '숱'은 머리털 따위의 부피나 분량을 나타내는 말이지요.

이렇게 써요!
- 숯불에 고기를 구워 먹다.
- 할아버지는 머리숱이 적다.

흥미진진 정보 록록!

고깃집에서 숯으로 고기를 굽는 모습을 흔히 볼 수 있어요. 숯은 높은 온도로 고기를 구워 고기 겉면의 아미노산과 당을 변화시켜 감칠맛을 높여 줘요. 이를 '마이야르 반응'이라고 하지요.

틈 VS 뜸

No. 0719
디안시
보석포켓몬

타입: 바위 / 페어리
키: 0.7m 몸무게: 8.8kg

양손의 **틈**으로 공기 중의 탄소를 압축하여 많은 다이아를 한순간에 만들어 내요.

자세히 알아봐요!

'틈'은 벌어져 사이가 난 자리, 어떤 행동을 할 만한 기회 등을 뜻해요. 반면 '뜸'은 음식을 익힐 때, 열을 가한 뒤 한동안 뚜껑을 열지 않고 그대로 두어서 속속들이 잘 익도록 하는 것을 뜻해요.

이렇게 써요!
▶ 쉴 **틈**이 없이 바쁘다.
▶ **뜸**을 들여야 밥이 촉촉하고 맛있어.

흥미진진 정보 록록!

'뜸(을) 들이다'라는 관용어가 있어요. 일이나 말을 할 때, 쉬거나 여유를 갖기 위해 서두르지 않고 한동안 가만히 있는 경우를 비유적으로 이르는 말이지요.

더미 VS 덤

No. 1008
미라이돈
패러독스포켓몬

타입: 전기 / 드래곤
키: 3.5m 몸무게: 240.0kg

오래된 서적에 "무쇠이 무기"라는 이름으로 기록된 존재인 것 같아요. 벼락으로 대지를 잿**더미**로 만들었다고 해요.

🔍 자세히 알아봐요!

'더미'는 물건이 한데 모여 있는 덩어리를 뜻해요. '덤'은 정해진 것 외에 추가로 더 주는 것을 말하지요.

이렇게 써요!
▶ 쓰레기 **더미**에서 지독한 냄새가 난다.
▶ 가게 주인이 사과 몇 개를 **덤**으로 주었다.

📎 흥미진진 정보 톡톡!

우리말에 '덤터기'라는 말이 있어요. 남에게 씌우거나 남에게서 넘겨받은 허물이나 걱정거리, 억울한 누명을 말하지요. 주로 '덤터기를 쓰다' 혹은 '덤터기를 씌우다'라고 표현한답니다.

걸음 VS 거름

No. 0327
얼루기
얼룩팬더포켓몬
타입: 노말
키: 1.1m 몸무게: 5.0kg

똑같은 얼룩무늬의 얼루기는 없어요. 휘청휘청거리는 **걸음**걸이로 상대의 노림수를 피해요.

🔍 자세히 알아봐요!

'걸음'은 두 발을 움직여 걷는 동작을 말해요. 반면 '거름'은 식물이 잘 자라도록 땅을 기름지게 하는 물질을 뜻한답니다.

이렇게 써요!
▶ 빠른 **걸음**으로 걸었어요.
▶ 밭에 **거름**을 주면 작물이 잘 자란다.

📎 흥미진진 정보 톡톡!

바닷새의 똥은 훌륭한 거름이 되기도 해요. 이를 '구아노'라고 하는데 페루에서 나는 구아노는 품질이 매우 좋아 19세기에는 이를 차지하려고 영국, 프랑스 등 여러 나라들이 전쟁을 벌이기도 했어요.

조종하다 VS 조정하다

No. 0483
디아루가
시간포켓몬

타입: 강철 / 드래곤
키: 5.4m 몸무게: 683.0kg

시간을 **조종하는** 힘을 가지고 있어요. 신오지방에서는 신이라고 불리며 신화에 등장해요.

🔴 자세히 알아봐요! 🔴

'조종하다'는 비행기나 선박 등 기계를 다루어 부리는 것 또는 다른 것을 자기 마음대로 다루어 부린다는 뜻이에요. '조정하다'는 어떤 기준이나 실정에 맞게 정돈한다는 뜻이지요.

이렇게 써요!

▶ 파일럿은 비행기를 **조종하는** 사람이에요.
▶ 핸드폰 벨소리가 너무 커서 적당하게 **조정했어요**.

흥미진진 정보 톡톡!

드론은 비행기나 헬리콥터보다 크기가 훨씬 작고, 사람을 태우지 않고도 무선 조종이 가능해요. 그래서 오늘날 택배, 배달은 물론 현장 탐사, 범죄 추적 등 아주 다양한 곳에서 널리 쓰이고 있어요.

되 VS 돼

No. 0070

우츠동
파리잡이포켓몬

타입: 풀 / 독
키: 1.0m 몸무게: 6.4kg

잎사귀 부분은 칼날이 **되어** 상대를 베어 버려요. 입에서는 무엇이든 녹이는 액체를 뿜어내요.

자세히 알아봐요!

'되다'는 어떤 상태나 성질로 변하거나 어떤 신분에 이르는 것을 의미해요. '돼'는 '되어'의 줄임말로 '돼다'라는 말은 없어요.

이렇게 써요!
- 얼음이 녹아서 물이 **되다**.
- 어떤 일이든 꾸준히 노력해야 **돼요**.

흥미진진 정보 록록!

'되'와 '돼' 중 어떤 것을 써야 할지 헷갈릴 때가 많아요. 그때는 '되어'를 대신 넣어 말해 보면 돼요. 이때 '되어'를 넣어서 문장이 어색하면 '되'이고, 자연스러우면 '돼'를 넣으면 된답니다.

갈기 VS 갈퀴

No. 0310

썬더볼트
방전포켓몬

타입: 전기
키: 1.5m 몸무게: 40.2kg

갈기를 통해 전기를 방출해요. 머리 위에 번개구름을 만들고 천둥 번개를 떨어뜨려 공격해요.

자세히 알아봐요!

'갈기'는 말이나 사자 따위의 목덜미에 난 긴 털을 뜻해요. '갈퀴'는 검불이나 곡식 따위를 긁어모을 때 쓰는 기구의 이름이에요.

이렇게 써요!
- 사자는 갈기가 풍성해야 멋있어!
- 할아버지께서 갈퀴로 낙엽을 긁어모으셨어요.

흥미진진 정보 톡톡!

오리나 개구리 등의 동물들을 보면 발가락 사이에 얇은 막이 있어 편리하게 헤엄을 치는 것을 볼 수 있어요. 이를 '물갈퀴'라고 해요. 사람이 수영할 때 끼는 도구인 오리발도 물갈퀴라고 불러요.

기관 VS 기간

No. 0705
미끄네일
연체포켓몬

타입: 드래곤
키: 0.8m 몸무게: 17.5kg

등에 달린 소용돌이 모양 돌기에 뇌나 심장과 같은 중요한 **기관**이 모두 들어 있어요.

자세히 알아봐요!

'기관'은 일정한 모양과 생리 기능을 가지고 있는 생물체의 부분을 뜻해요. '기간'은 어느 때부터 다른 어느 때까지의 동안을 말해요.

이렇게 써요!
▶ 폐는 호흡을 하는 **기관**이에요.
▶ 방학 **기간**에 학교 공사를 한다.

흥미진진 정보 톡톡!

증기를 보내는 관인 '증기 기관'을 뜻하는 '기관'이란 말도 있어요. 18세기에 발명된 '증기 기관'은 이후 철도, 자동차, 선박 등에 활용되며 산업 혁명을 이끌었어요.

반드시 vs 반듯이

No. 0504
보르쥐
망보기포켓몬
타입: 노말
키: 0.5m 몸무게: 11.6kg

경계심이 강해서 **반드시** 한 마리는 망을 보고 있으나 뒤에서 오는 상대는 알아차리지 못해요.

자세히 알아봐요!

'반드시'는 '틀림없이 꼭'이라는 뜻이에요. 반면 '반듯이'는 '비뚤어지지 않고 곧고 바르게'라는 뜻이지요.

이렇게 써요!
- 약속은 **반드시** 지켜야 해요.
- 고개를 **반듯이** 들어요.

흥미진진 정보 록록!

사필귀정(事必歸正 일 사, 반드시 필, 돌아갈 귀, 바를 정)이라는 사자성어가 있어요. 모든 일은 올바르게 돌아갈 거라는 뜻으로 나쁜 사람은 반드시 벌을 받는다는 의미를 가지지요.

실루엣을 찾아라!

포켓몬들이 자기 실루엣을 찾을 수 있도록 선으로 이어 주세요.

꼬모카

보르쥐

절벼게

우츠동

달콤아

5장
올바른 외래어 표기법

에너지 VS 에네르기

No. 0973

꼬이밍고
싱크로포켓몬

타입: 비행 / 격투
키: 1.6m 몸무게: 37.0kg

배에 비축해 둔 **에너지**가 부리를 통해 새어 나오지 않게 하기 위해 목 아래쪽을 꼬아 놓은 듯해요.

🔴 자세히 알아봐요! 🔴

Energy의 규범 표기는 '에너지'예요. 인간 활동의 근원이 되는 힘 또는 물리학에서 어떤 일을 할 수 있는 능력을 뜻하지요. '에네르기'는 독일식 표기예요.

이렇게 써요!
▶ 푹 쉬었더니 에너지가 넘쳐요.
▶ 물체가 움직이면 운동 에너지를 가져요.

흥미진진 정보 톡톡!
우리가 일상생활에서 쓰는 에너지를 만들어 낼 수 있는 원천을 에너지 자원이라고 해요. 에너지 자원에는 재생이 불가능한 석탄, 석유 같은 화석 연료와 재생이 가능한 태양, 바람 등이 있어요.

헬멧 VS 헬맷

No. 0863
나이킹
바이킹포켓몬

타입: 강철
키: 0.8m 몸무게: 28.0kg

머리의 털이 단단해져서 철로 된 **헬멧**처럼 되었어요. 매우 호전적인 성질을 가졌어요.

자세히 알아봐요!

Helmet의 규범 표기는 '헬멧'이에요. 머리를 충격으로부터 보호하기 위해 쓰는 모자로 쇠나 플라스틱 등으로 만들어요.

이렇게 써요!
▶ 자전거를 탈 때는 꼭 헬멧을 써야 해요.
▶ 생일 선물로 야구 헬멧을 받았어요.

흥미진진 정보 톡톡!

헬멧은 11세기 경, 기사들이 머리를 보호하기 위해 금속이나 가죽 등으로 만들어 썼던 방호구가 기원이었다고 전해져요. 오늘날에는 스포츠 경기, 공사장 등 다양한 곳에서 헬멧이 쓰이고 있어요.

마니아 vs 매니아

No. 1013
그우린차(걸작의 모습)
말차포켓몬
타입: 풀 / 고스트
키: 0.2m 몸무게: 2.2kg

저명한 도공이 만든 훌륭한 찻잔에 깃들었어요. **마니아**들을 흥분하게 하는 포켓몬이에요.

자세히 알아봐요!

Mania의 규범 표기는 '마니아'예요. 어떤 한 가지 일에 몹시 열중하는 사람 또는 그런 일을 가리키는 말이에요.

이렇게 써요!

- 나는 하루 종일 책을 읽는 독서 **마니아**예요.
- 동생은 만화 **마니아**답게 모르는 만화가 없어요.

흥미진진 정보 톡톡!

마니아의 어원은 그리스어로 '광기'라는 뜻으로 본래는 신이 인간에게 초월적인 힘을 발휘할 수 있도록 내려준 선물 같은 개념이었다고 해요. 오늘날 마니아와 뜻이 비슷한 단어로는 '애호가'가 있어요.

배터리 VS 밧데리

No. 0923
빠르모트
손길포켓몬

타입: 전기 / 격투
키: 0.9m 몸무게: 41.0kg

복슬복슬한 털이 **배터리** 역할을 해요. 전기 자동차에 맞먹는 양의 전기를 비축할 수 있어요.

자세히 알아봐요!

Battery의 규범 표기는 '배터리'예요. 전기 에너지를 화학 에너지로 바꾸어 모아 두었다가 필요한 때에 전기로 재생하는 장치예요.

이렇게 써요!
▶ 손전등이 안 켜져서 **배터리**를 갈아 끼웠어요.
▶ 핸드폰 **배터리**가 다 되어 전원이 꺼졌어요.

흥미진진 정보 록록!

재충전이 가능한 배터리는 1859년, 프랑스 물리학자 가스통 플랑테가 처음 개발했다고 해요. 납으로 된 전극판을 황산에 담가서 사용하는 이 배터리는 오늘날 자동차 배터리의 시초가 되었어요.

가스 VS 까스

No. 0850
태우지네
발열포켓몬

타입 : 불꽃 / 벌레
키 : 0.7m   몸무게 : 1.0kg

몸속에 모아둔 가연성 **가스**로 열을 내요. 특히 배 쪽의 노란 부분이 뜨거워요.

🔴 자세히 알아봐요!

Gas의 규범 표기는 '가스'예요. 연료로 사용되는 기체 또는 소화 기관 내에서 내용물이 부패하여 생긴 기체 등을 뜻해요. 기체 물질을 통틀어 이르는 말이기도 해요.

이렇게 써요!
▶ 어머니가 외출하기 전 **가스** 밸브를 확인하셨어요.
▶ 배탈이 났는지 배 속에 **가스**가 찼어요.

흥미진진 정보 톡톡!

화산이 활동할 때, 마그마에 녹아 있던 다양한 가스가 분출되어요. 이를 화산 가스라고 하지요. 화산 가스는 수증기가 대부분이고, 그 외에 이산화탄소, 이황화탄소, 수소, 질소 등으로 이루어져 있어요.

데이터 VS 데이타

No. 0989
모래털가죽
패러독스포켓몬

타입: 전기 / 땅
키: 2.3m 몸무게: 60.0kg

포획된 사례는 없으며 **데이터**도 부족해요. 어느 탐험기에 기록된 생물과 특징이 일치해요.

자세히 알아봐요!

Data의 규범 표기는 '데이터'예요. 이론을 세우는 데 기초가 되는 자료, 관찰이나 실험 등으로 얻은 정보 등을 가리키는 말이에요.

이렇게 써요!

▶ 보고서를 작성하기 위해 **데이터**를 수집했어요.
▶ 거듭된 실험으로 많은 **데이터**를 얻을 수 있었어요.

흥미진진 정보 록록!

데이터는 컴퓨터에서 정보를 작성하기 위해 필요한 자료를 뜻하는 말로도 많이 쓰여요. 오늘날 AI(인공지능)는 방대한 데이터를 빠르게 학습하고 분석하여 여러 분야에서 뛰어난 능력을 보여 주고 있어요.

젤 VS 겔

No. 0912
꾸왁스
꼬마오리포켓몬

타입: 물
키: 0.5m 몸무게: 6.1kg

옛날에 머나먼 땅에서 찾아와 정착했어요. 날개에서 분비되는 **젤**은 물과 먼지를 튕겨 내요.

🔵 자세히 알아봐요! 🔵

Gel은 영어식으로는 '젤', 독일식으로는 '겔'이라고 해요. 반고체 상태의 물질로 보통 물컹물컹한 특징을 가졌어요.

이렇게 써요!
▶ 누나는 **젤** 형태의 화장품을 좋아해요.
▶ **젤**을 손에 바르자 손이 미끌미끌해졌어요.

흥미진진 정보 톡톡!

우리가 간식으로 맛있게 즐겨 먹는 젤리나 푸딩이 바로 젤이에요. 젤리나 푸딩은 동물의 가죽이나 뼈에서 추출한 젤라틴이라는 물질로 만들어요. 젤라틴은 열을 가하면 녹고 얼리면 굳는 특징을 가졌지요.

알레르기 vs 앨러지

No. 0045
라플레시아
꽃포켓몬

타입: 풀 / 독
키: 1.2m　몸무게: 18.6kg

펑 하는 소리와 함께 꽃봉오리가 열리면 **알레르기**를 일으키는 독 꽃가루가 흩뿌려져요.

자세히 알아봐요!

Allergie의 규범 표기는 '알레르기'예요. 꽃가루, 곰팡이 등 특정 물질로 인해 일어나는 두드러기, 콧물 같은 몸의 이상 반응을 가리키는 말이에요.

이렇게 써요!
▶ 봄만 되면 꽃가루 알레르기 때문에 괴로워요.
▶ 알레르기 때문에 기침이 멈추지 않아요.

흥미진진 정보 톡톡!

알레르기는 '과민 반응' '거부 반응'이라는 뜻의 독일어에서 비롯된 말이에요. 원래는 병적 증상을 나타내는 말이지만 어떤 사물이나 현상을 거부하는 심리적 반응을 비유적으로 이르는 말로도 쓰여요.

팬터마임 VS 판토마임

No. 0122

마임맨
배리어포켓몬

타입: 에스퍼 / 페어리
키: 1.3m 몸무게: 54.5kg

팬터마임의 달인이에요. 손짓 발짓으로 만든 벽은 이윽고 진짜 벽이 되어요.

자세히 알아봐요!

Pantomime의 규범 표기는 '팬터마임'이에요. 대사 없이 표정과 몸짓만으로 내용을 전달하는 연극이에요. 무언극이라고 하지요.

이렇게 써요!
▶ **팬터마임**은 대사 없이도 감동을 전달해요.
▶ 찰리 채플린은 **팬터마임**의 달인이었어요.

흥미진진 정보 톡톡!

팬터마임은 기원전 5세기 그리스에서 시작되었다고 해요. 그리스어 판토(모든 것)과 미모스(흉내내는 사람)에서 그 이름이 유래되었고, 로마 시대 때 비로소 연극으로 자리 잡아 오늘날까지 이어지고 있어요.

마이너스 VS 마이나스

No. 0582
바닐프티
신설포켓몬

타입: 얼음
키: 0.4m 몸무게: 5.7kg

고드름에서 태어났다고 전해져요. **마이너스** 50도의 냉기를 뿜어 주변을 얼려 살기 좋게 만들어요.

🔴 자세히 알아봐요! 🔴

Minus의 규범 표기는 '마이너스'예요. 부족함이나 손실, 불이익 따위를 이르는 말이지요. 수학의 뺄셈, 0보다 작은 수인 음수 등을 뜻하기도 해요.

이렇게 써요!

▶ 장사가 안 되어서 이번 달 매출도 **마이너스**야.
▶ 5 **마이너스** 3은 2예요.

흥미진진 정보 톡톡!

1, 3, 7 등 우리가 쓰는 숫자를 인도-아라비아 숫자라고 해요. 이 중 아무것도 없음을 뜻하는 '0'이 6세기 말 경에 가장 늦게 발명되었어요. 그 이후 0보다 작은 수인 음수, 0보다 큰 수인 양수라는 개념이 생겨났어요.

스크루 vs 스크류

No. 0418

브이젤
바다족제비포켓몬

타입: 물
키: 0.7m 몸무게: 29.5kg

꼬리를 **스크루**처럼 돌려서 수중을 헤엄치는 것뿐만 아니라 엉겨 붙는 해초도 자를 수 있어요.

자세히 알아봐요!

Screw의 규범 표기는 '스크루'예요. 주로 배나 항공기에서 사용하는 장치로, 나선 면을 이룬 날개를 회전하여 밀어 내는 힘을 내요.

이렇게 써요!
▶ 배의 **스크루**가 빠르게 돌아가며 속력을 냈다.
▶ 비행기의 **스크루**가 회전을 시작했다.

흥미진진 정보 톡톡!

종종 선박의 스크루에 그물이나 해조류가 감겨서 조업이나 항해에 큰 지장이 생길 때도 있어요. 최근에는 중국에서 괭생이모자반이라는 해조류가 제주도 바다로 흘러 들어와 지역 주민들이 애를 먹었어요.

스텝 VS 스탭

No. 0741

춤추새(이글이글스타일)
댄스포켓몬

타입: 불꽃 / 비행
키: 0.6m 몸무게: 3.4kg

다홍꿀을 빨아들인 모습이에요. 정열적인 **스텝**을 밟으며 격렬한 불꽃을 일으켜요.

자세히 알아봐요!

Step의 규범 표기는 '스텝'이에요. 운동 경기나 춤 등에서 동작의 단위가 되는 발과 몸의 움직임을 뜻하는 말이지요.

이렇게 써요!
▶ 가수들은 춤을 출 때 **스텝**을 신경 써요.
▶ 화려한 **스텝**을 밟으며 무대를 끝마쳤어요.

흥미진진 정보 록록!

팝의 황제라고 불렸던 가수, 마이클 잭슨은 '문워크'라는 춤 동작이 특기였어요. 분명 앞으로 스텝을 딛는 것 같이 보이지만 실제로는 뒤로 미끄러지듯 움직이는 기술로 무척 신비로운 느낌을 줘요.

로켓 vs 로케트

No. 0009
거북왕
껍질포켓몬
타입:물
키:1.6m 몸무게:85.5kg

등껍질에 분사구가 있어 **로켓** 같은 기세로 덤벼드는 굉장한 녀석이에요.

🔵 자세히 알아봐요! 🔵

Rocket의 규범 표기는 '로켓'이에요. 고온, 고압의 가스를 분출시켜서 그 힘으로 앞으로 나가는 장치나 비행물을 말하지요.

이렇게 써요!
▶ 과학관에 가면 모형 **로켓**이 전시되어 있어요.
▶ 택배가 **로켓**처럼 빠르게 도착했어요.

흥미진진 정보 톡톡!

고려 시대의 관리 최무선은 우리나라 최초로 화약 개발에 성공한 뒤 화통도감이라는 기관을 설치했어요. 그 뒤 화통, 화포 등 오늘날 로켓이나 대포와 같은 다양한 무기를 개발했어요.

센서 VS 쎈써

No. 0050
디그다(알로라의 모습)
두더지포켓몬

타입: 땅 / 강철
키: 0.2m 몸무게: 1.0kg

금색 수염은 **센서** 기능을 가지고 있으며, 구멍에서 내밀어 주변의 상황을 살피곤 해요.

자세히 알아봐요!

Sensor의 규범 표기는 '센서'예요. 소리나 빛, 온도 등을 감지하는 부품 혹은 그런 부품을 갖춘 기계를 일컫는 말이지요.

이렇게 써요!
▶ 자동문에는 **센서**가 달려 있어요.
▶ **센서**가 작동해 불빛이 깜빡였어요.

흥미진진 정보 톡톡!
센서는 우리 몸의 감각 기관과 비슷해요. 우리가 시각, 청각, 촉각 등을 활용해 주위를 인지한 뒤 어떻게 행동할지 결정하는 것처럼 기계는 센서를 통해 정보를 감지하고 그에 맞게 작동을 하는 거예요.

콤비네이션 VS 컴비네이션

No. 0084
두두
쌍둥이새포켓몬

타입: 노말 / 비행
키: 1.4m 몸무게: 39.2kg

완전히 같은 유전자를 가진 쌍둥이의 머리로 호흡이 척척 맞는 **콤비네이션**을 구사하며 싸워요.

자세히 알아봐요!

Combination의 규범 표기는 '콤비네이션'이에요. 조합이라는 의미의 영단어로 스포츠에서는 보통 다양한 기술의 결합을 뜻해요.

이렇게 써요!
- 피겨 선수가 **콤비네이션** 점프를 구사했어요.
- 권투 선수의 화려한 **콤비네이션**에 넋을 잃었어요.

흥미진진 정보 록록!

한 피자에 여러 가지 토핑이 한 번에 올라가 있는 피자를 콤비네이션 피자라고 해요. 가장 기본적인 피자 중 하나로 고기, 버섯, 피망, 올리브 등 가게마다 다양한 토핑을 조합하지요.

밸런스 VS 발란스

No. 0190
에이팜
긴꼬리포켓몬

타입: 노말
키: 0.8m 몸무게: 11.5kg

높은 나무 위에서 살고 있어요. 나뭇가지에서 가지로 건너뛸 때 꼬리로 능숙하게 **밸런스**를 잡아요.

자세히 알아봐요!

Balance의 규범 표기는 '밸런스'예요. '균형'을 뜻하는 영단어로 어느 한쪽으로 기울거나 치우치지 않고 고른 상태를 말하지요.

이렇게 써요!
- 운동을 열심히 하면 **밸런스**가 잡힌 몸을 만들 수 있어요.
- 무슨 일이든 **밸런스**가 가장 중요해요.

흥미진진 정보 록록!

둘 다 좋거나, 둘 다 싫은 두 가지 대상을 놓고 한 가지를 빨리 선택해야 하는 게임을 밸런스 게임이라고 해요. 어떤 것을 골라야 할 지 어려우면 어려울수록, 말 그대로 밸런스가 완벽하다고 할 수 있지요.

주스 VS 쥬스

No. 0213
단단지
발효포켓몬

타입: 벌레 / 바위
키: 0.6m   몸무게: 20.5kg

등껍질 속에 나무열매를 모아요. 모은 나무열매는 체액과 섞여서 맛있는 **주스**가 돼요.

자세히 알아봐요!

Juice의 규범 표기는 '주스'예요. 과일이나 야채를 갈거나 짜내어 만든 즙을 가리키는 말이지요.

이렇게 써요!
- 오렌지를 갈아서 상큼한 **주스**를 만들었어요.
- 여름에는 시원한 **주스**가 최고예요.

흥미진진 정보 록록!

과일로 즙을 짜서 그대로 두면 빠르게 발효가 일어나 식초나 술이 되어 버려요. 우리가 마트에서 사 먹는 주스는 살균을 거쳐서 과즙을 신선하게 오랫동안 보관할 수 있도록 만든 거예요.

팀워크 vs 팀웍

No. 0262
그라에나
물어뜯기포켓몬

타입: 악
키: 1.0m 몸무게: 37.0kg

리더의 명령을 충실히 따라요. 뛰어난 **팀워크**로 노린 먹잇감을 절대 놓치지 않아요.

🔵 자세히 알아봐요! 🔵

Teamwork의 규범 표기는 '팀워크'예요. 팀이 같은 목표를 달성하기 위해 협동하여 행동하는 동작을 뜻하는 말이지요.

이렇게 써요!
▶ 조별 활동에서 우리 조는 최고의 **팀워크**를 발휘했어요.
▶ 축구 경기에서는 **팀워크**가 정말 중요해요.

📎 흥미진진 정보 톡톡!

어떤 팀이 좋은 성과나 능력을 발휘하기 위해서는 리더의 '리더십(leadership)'도 무척 중요해요. 리더십은 무리를 다스리고 이끌어 가는 지도자로서의 능력을 말하지요. 참고로 '리더쉽'은 잘못된 표기랍니다.

사인 VS 싸인

No. 0314
네오비트
반딧불포켓몬
타입: 벌레
키: 0.6m 몸무게: 17.7kg

볼비트를 유도해서 밤하늘에 **사인**을 그려요. 사인의 뜻을 연구하는 학자도 있어요.

자세히 알아봐요!

Sign의 규범 표기는 '사인'이에요. 몸짓이나 눈짓 등으로 어떤 의사를 전달하는 것을 말하지요. 자기만의 독특한 방법으로 이름을 적은 것을 뜻하기도 해요.

이렇게 써요!
- 친구에게 눈짓으로 고맙다고 **사인**을 보냈어요.
- 좋아하는 연예인을 만나 **사인**을 부탁했어요.

흥미진진 정보 록록!

수화는 청각 장애가 있는 사람들이 손과 손가락의 움직임으로 의미를 전달하는 언어예요. 같은 동작이라도 표정이나 시선 등에 따라 뜻이 달라진다고 하지요. 영어로는 사인 랭귀지(sign language)라고 해요.

kcal = 칼로리

No. 0869
마휘핑(거다이맥스의 모습)
크림포켓몬
타입: 페어리
키: 30.0m~ 몸무게: ????kg

1발에 10만 **kcal**의 크림 미사일을 난사해요. 맞으면 머리가 어질어질 해요.

자세히 알아봐요!

kcal는 식품의 영양가를 열량(열에너지의 양)으로 나타낸 단위로 본래는 '킬로칼로리'가 정확한 표현이에요.

이렇게 써요!
▶ 밥 한 공기는 약 330kcal 정도 돼요.
▶ 다이어트를 할 때, 칼로리가 높은 간식은 피해야 돼요.

흥미진진 정보 록록!

칼로리는 열량의 단위로 cal로 나타내며 1cal는 물 1g을 1기압에서 1℃ 올리는 데 필요한 에너지의 양이에요. 1000cal가 1kcal와 같지요. 하지만 일상생활이나 영양학에서는 kcal를 칼로리라고 보통 줄여 불러요.

m = 미터

No. 0050
디그다
두더지포켓몬

타입: 땅
키: 0.2m 몸무게: 0.8kg

지하 1m 정도를 파고들어 가서 나무뿌리 등을 씹어 먹고 살아요. 가끔 지상으로 얼굴을 내밀어요.

🔍 자세히 알아봐요!

m는 길이의 단위로 '미터'라고 표기해요. 1m는 100cm(센티미터)와 같고 1cm는 10mm(밀리미터)와 같지요.

이렇게 써요!
▶ 농구 선수인 삼촌은 키가 2m 정도 돼요.
▶ 친구와 50미터 달리기 대결을 했어요.

📎 흥미진진 정보 톡톡!

오늘날 전 세계 사람들은 미터법이라고 하는 국제적인 약속을 맺어 통일된 길이의 단위를 써요. 1m는 1983년 국제도량형총회에서 빛이 진공에서 2억 9979만 2458분의 1초 동안 이동한 길이라고 정의했어요.

km = 킬로미터

No. 0434
스컹뿡
스컹크포켓몬
타입:독 / 악
키:0.4m 몸무게:19.2kg

엉덩이에서 뿜어지는 역한 분비액의 냄새는 반경 2**km** 까지 멀리 퍼져 주변의 포켓몬이 자리를 뜨게 해요.

자세히 알아봐요!

km는 길이의 단위로 '킬로미터'라고 표기하며 '킬로'라고 줄여서 부르기도 해요. 1km는 1000m와 같아요.

이렇게 써요!

▶ 서울에서 부산까지는 직선으로 약 320**km** 떨어져 있어요.
▶ 자전거로 2킬로미터를 순식간에 달렸어요.

흥미진진 정보 톡톡!

방대한 우주를 관측하고 연구하는 천문학에서는 km보다 훨씬 더 큰 단위들을 사용해요. 예를 들어 태양계 내의 천체의 거리를 나타낼 때 AU(에이유)란 단위를 주로 써요. 1AU는 약 1억 49760만 km예요.

kg = 킬로그램

No. 0959
두드리짱
해머포켓몬
타입: 페어리 / 강철
키: 0.7m　몸무게: 112.8kg

100**kg**이 넘는 해머를 가볍게 휘둘러서 원하는 것을 빼앗은 다음 거처로 가지고 가요.

자세히 알아봐요!

kg은 질량의 단위로 '킬로그램'이라고 표기해요. km와 마찬가지로 '킬로'라고 줄여서 부르기도 해요. 1kg은 1000g(그램)과 같아요.

이렇게 써요!
- 키가 크면서 몸무게도 5**kg**이나 늘었어요.
- 소는 하루에 풀을 약 60킬로그램이나 뜯어 먹어요.

흥미진진 정보 톡톡!

역도 선수 장미란은 2008년 베이징 올림픽에서 인상(역기를 바로 머리 위로 드는 종목) 140kg, 용상(역기를 가슴까지 들어올렸다가 머리 위로 드는 종목) 186kg, 합계 326kg을 들어올려 금메달을 땄어요.

톤 = t

No. 0075
데구리
암석포켓몬
타입: 바위 / 땅
키: 1.0m 몸무게: 105.0kg

이끼가 낀 바위를 아주 좋아해요. 어적어적 소리를 내면서 1일 1**톤** 이상을 먹어요.

🔴 자세히 알아봐요! 🔴

'톤'은 질량의 단위로 기호는 t이에요. 1t은 1000kg과 같지요. 톤 보다 큰 킬로톤(kt)이란 단위도 있어요. 1킬로톤은 1000톤과 같아요.

이렇게 써요!
▶ 코끼리의 몸무게는 약 8**t**이에요.
▶ 항공모함의 무게는 몇 **톤**일까요?

흥미진진 정보 톡톡!

우리나라에서는 무게를 잴 때 킬로그램이나 톤을 많이 쓰지만 미국에서는 주로 파운드(lb)라는 단위를 많이 써요. 1파운드는 약 0.454킬로그램 정도 돼요.

리터 = L

No. 0804
아고용
독침포켓몬

타입: 독 / 드래곤
키: 3.6m 몸무게: 150.0kg

체내에 수백 **리터**의 독액을 갖고 있어요. 울트라비스트라고 불리는 생물의 일종이에요.

자세히 알아봐요!

리터는 부피의 단위로 기호는 L 또는 l이에요. 1리터(L)는 1000밀리리터(ml)와 같지요. 라면 한 개를 끓일 때 0.5L(500mL)정도의 물을 써요.

이렇게 써요!
- 하루에 물 몇 **리터**를 마셔야 할까요?
- 콜라 페트병을 보니 1.5L라고 쓰여 있어요.

흥미진진 정보 록톡!

우리나라를 비롯한 동아시아에는 홉, 되, 말이라는 부피의 단위가 있었어요. '되로 주고 말로 받는다'라는 속담이 여기서 비롯되었지요. 1말은 약 18L, 1되는 약 1.8L, 1홉은 약 0.18L예요.

노트 = kn

No. 0964
돌핀맨(마이티폼)
히어로포켓몬
타입:물
키:1.8m 몸무게:97.4kg

50**노트**의 속도로 헤엄치며 물에 빠진 사람이나 포켓몬을 구해 주는 바다의 히어로예요.

자세히 알아봐요!

노트(knot)는 배나 비행기의 속도를 나타내는 단위예요. 기호는 'kn'이지요. 1노트는 한 시간에 1852미터를 달리는 속도예요.

이렇게 써요!

▶ 배가 15**노트**의 속도로 움직였어요.
▶ 비행기의 속도가 180**kn**로 측정되었어요.

흥미진진 정보 톡톡!

노트(knot)에는 매듭이라는 뜻이 있어요. 옛날에 배의 속도를 잴 때 일정한 간격으로 매듭이 있는 줄을 배가 이동하면 풀리게 해 놓고, 28초 동안 풀려 나간 매듭의 수로 속도를 잰 데서 유래한 말이기 때문이에요.

알쏭달쏭 OX퀴즈

포켓몬에 대한 설명을 꼼꼼히 읽고 맞으면 ○, 틀리면 X에 표시하세요.

라플레시아

마이너스 50도의 냉기를 뿜어요.

춤추새(이글이글스타일)

정열적인 스텝을 밟으며 격렬한 불꽃을 일으켜요.

빠르모트

복슬복슬한 털이 배터리 역할을 해요.

네오비트

지하로 가서 나무뿌리를 씹어 먹어요.

6장
알아두면 좋은 재미있는 표현

하늘하늘

No. 0955
하느라기
프릴포켓몬

타입: 에스퍼
키: 0.2m 몸무게: 1.5kg

배의 **하늘하늘**한 부분에서 나오는 사이코 파워를 통해, 겨우 1cm지만 발끝이 지상에 떠 있어요.

자세히 알아봐요!

'하늘하늘'은 조금 힘없이 늘어져서 가볍게 흔들리는 모양을 말해요. 비슷한 말로 '흐늘흐늘'이 있어요.

이렇게 써요!
▶ 바람이 불자 커튼이 **하늘하늘** 흔들렸어요.
▶ 학교에 **하늘하늘**한 원피스를 입고 갔어요.

흥미진진 정보 톡톡!
바람에 하늘하늘 흔들리는 코스모스는 가을을 대표하는 꽃이에요. 들이나 길가 아무데서나 잘 자라기 때문에 쉽게 볼 수 있는 친근한 꽃이랍니다.

축

No. 0559
곤율랭
탈피포켓몬

타입: 악 / 격투
키: 0.6m 몸무게: 11.8kg

축 늘어난 가죽을 목까지 끌어 올려서 가드해요. 가죽이 늘어난 개체일수록 대단하다고 해요.

자세히 알아봐요!

어떤 물건 등이 힘이 없어서 아래로 길게 늘어났을 때 '축' 늘어났다, 혹은 '축' 쳐졌다라고 표현해요.

이렇게 써요!
▶ 꽃에 물을 주지 않았더니 **축** 시들었어요.
▶ 피곤하면 몸이 **축** 처져요.

흥미진진 정보 록록!

'가지가 축축 늘어지다.'처럼 축을 두 번 써서 의미를 강조할 수 있어요. 하지만 '축축하다'는 물기가 있어서 젖어 있는 모습을 표현하는 말로 전혀 다른 말이랍니다.

쫄깃쫄깃

No. 0948

들눈해

목이버섯포켓몬

타입: 땅 / 풀
키: 0.9m 몸무게: 33.0kg

축축한 숲속에 살아요. 떨어져 나온 몸의 하늘하늘한 부분은 **쫄깃쫄깃**하고 아주 맛있어요.

자세히 알아봐요!

'쫄깃쫄깃'은 음식을 씹을 때의 느낌을 표현하는 말이에요. 씹히는 맛이 매우 차지고 질긴 듯하다는 말이지요.

이렇게 써요!
▶ 떡이 **쫄깃쫄깃** 정말 맛있어요.
▶ 이 라면은 면발이 **쫄깃쫄깃**해요.

흥미진진 정보 록록!

떡의 재료가 되는 쌀과 찹쌀에는 전분이라는 성분이 들어있어요. 떡을 찌는 과정에서 전분은 물과 만나면 끈적해지고 서로 엉겨붙어요. 그래서 떡이 쫄깃쫄깃한 것이랍니다.

말랑말랑

No. 0939

찌리배리

전기개구리포켓몬

타입: 전기
키: 1.2m 몸무게: 113.0kg

말랑말랑한 몸을 늘였다 줄였다 하면 배에 달린 배꼽 발전기가 큰 전력을 발생시켜요.

자세히 알아봐요!

'말랑말랑'은 물체가 부드럽고 무른 느낌이 있을 때 표현하는 말이에요. 좀 더 강한 표현으로 '물렁물렁'이 있어요.

이렇게 써요!
- 아기 볼을 만지니 **말랑말랑**해요.
- **말랑말랑**한 밀가루 반죽으로 빵을 만들었어요.

흥미진진 정보 톡톡!

말랑말랑한 사탕인 마시멜로는 젤라틴에 달걀 흰자, 설탕, 향료 등을 넣어 만들어요. 처음에는 허브 식물인 '마시멜로'의 뿌리에서 뽑아낸 당으로 만들었다고 해요.

깜빡

No. 0938

빈나두

전기올챙이포켓몬

타입: 전기
키: 0.3m 몸무게: 0.4kg

꼬리를 흔들어서 전기를 발생시켜요. 위험을 감지하면 머리를 **깜빡**여서 동료에게 알려요.

자세히 알아봐요!

'깜빡'은 불빛이나 별빛이 잠깐 어두워졌다가 다시 밝아질 때 혹은 밝아졌다가 어두워지는 모양을 표현하는 말이에요.

이렇게 써요!
- 형광등이 **깜빡**거려요.
- 밤하늘에 별빛이 **깜빡**이다가 사라졌어요.

흥미진진 정보 록록!

전등의 불이 꺼졌다 켜지는 것처럼, 우리 기억이나 생각이 잠깐 흐려졌을 때도 '깜빡'이라는 말을 사용해요. 예를 들어, '깜빡하고 가방을 안 가져 나왔다.'라고 사용할 수 있어요.

통통

No. 0479
로토무(프로스트로무)
플라스마포켓몬
타입: 전기 / 얼음
키: 0.3m 몸무게: 0.3kg

냉장고에 들어간 모습이에요. 냉기로 주위를 얼려 놓고는 유쾌하다는 듯이 **통통** 튀어요.

자세히 알아봐요!

발로 탄탄한 곳을 자꾸 굴러 울리는 소리, 작은북이나 속이 빈 나무통 등을 잇따라 두드려 울리는 소리 등을 뜻하는 말이에요.

이렇게 써요!
▶ 동생이 방바닥을 **통통** 구르며 달려왔어요.
▶ 빈 페트병을 두드리자 **통통** 소리가 났어요.

흥미진진 정보 록록!

통통은 작은 움직임이나 소리 등에 어울리는 표현이에요. 그래서 보통 귀엽고 소박한 느낌이 들지요. 비슷한 표현으로는 '동동'이 있어요. 반면 '퉁퉁'은 보다 큰 움직임과 소리를 표현하기에 좋아요.

매끈매끈

No. 0926

쫀도기
강아지포켓몬

타입: 페어리
키: 0.3m 몸무게: 10.9kg

만지면 촉촉하고 **매끈매끈**해요. 숨결에 포함되어 있는 효모로 주위의 것들을 발효시켜요.

자세히 알아봐요!

'매끈매끈'은 흠이나 거친 곳이 없이 자꾸 밀리는 모양을 뜻해요. 미끄러울 정도로 아주 부드러운 느낌을 표현하지요.

이렇게 써요!
- 설거지를 하니 접시가 **매끈매끈**해요.
- 목욕을 했더니 얼굴이 **매끈매끈**해졌어요.

흥미진진 정보 톡톡!

강이나 바다에서 주운 자갈돌은 모양이 둥글둥글하고 표면은 매끈매끈해요. 오랜 시간 서로 부딪히고 물에 씻기면서 뾰족한 부분이 닳아 없어졌기 때문이에요.

척척

No. 0924
두리쥐
커플포켓몬

타입: 노말
키: 0.3m 몸무게: 1.8kg

호흡이 **척척** 맞는 콤비네이션으로 집의 재료가 될 만한 것을 앞니로 잘라 내어 가지고 가요.

자세히 알아봐요!

'척척'은 망설이지 않고 빠르게 행동하는 모양을 뜻해요. 주로 일을 술술 잘 해내는 사람에게 사용해요.

이렇게 써요!
▶ 선생님은 질문에 **척척** 대답하셨어요.
▶ 형은 블록을 **척척** 조립했어요.

흥미진진 정보 톡톡!

무엇이든지 묻는 대로 척척 대답하는 사람을 '척척박사'라고 해요. 아는 것이 많고 어려운 문제도 잘 풀어내는 똑똑한 사람을 친근하게 부르는 말이기도 하지요.

꼼꼼

No. 0916

퍼퓨돈(암컷의 모습)
돼지포켓몬

타입: 노말
키: 1.0m 몸무게: 120.0kg

깔끔한 것을 좋아하고 **꼼꼼**해요. 꽃향기 같은 향기를 풍기며 주위의 포켓몬들을 치유해요.

자세히 알아봐요!

'꼼꼼'은 빈틈 없이 차분하고 조심스러운 모양을 뜻해요. 실수가 없도록 아주 작은 부분까지 신경 쓰는 모습을 가리키지요.

이렇게 써요!
▶ 그림을 **꼼꼼**하게 색칠했어요.
▶ 우리 아빠는 **꼼꼼**한 성격이에요.

흥미진진 정보 톡톡!

'덜렁거리다'는 매달린 물체가 가만있지 못하고 자꾸 흔들릴 때 쓰는 말이에요. 꼼꼼하지 못하고 주의 깊지 않아 자꾸 실수를 저지르는 사람에게도 덜렁거린다고 표현하지요.

빽빽이

No. 0074
꼬마돌(알로라의 모습)
암석포켓몬
타입: 바위 / 전기
키: 0.4m   몸무게: 20.3kg

자력을 띤 돌의 몸을 가졌어요. 특히 자력이 강한 부분에는 사철이 **빽빽이** 붙어 있어요.

자세히 알아봐요!

'빽빽이'는 사이가 촘촘하다는 뜻이에요. 빈 곳 없이 가득 차 있거나 촘촘하게 모여있을 때 사용하지요.

이렇게 써요!
- 공책에 글자를 **빽빽이** 적었어요.
- 숲속에 나무들이 **빽빽이** 자라 있어요.

흥미진진 정보 톡톡!

포유류 중에서 가장 빽빽한 털을 가진 동물은 해달이에요. 해달은 빽빽하게 난 털 덕분에 피부가 젖지 않고 차가운 물속에서도 몸을 따뜻하게 유지할 수 있어요.

꽁꽁

No. 0883
어치르돈
화석포켓몬

타입: 물 / 얼음
키: 2.0m 몸무게: 175.0kg

주변을 꽁꽁 얼려서 먹이를 잡지만 입이 머리 윗부분에 있어서 먹기 힘들어요.

자세히 알아봐요!

'꽁꽁'은 매우 단단하게 얼어붙은 모양을 가리켜요. 단단하게 묶인 상태를 표현하는 말이기도 해요.

이렇게 써요!
▶ 강물이 꽁꽁 얼어붙었어요.
▶ 범인의 손발을 꽁꽁 묶어 놓았어요.

흥미진진 정보 톡톡!

얼음은 물보다 가볍기 때문에 물 위에 떠요. 그래서 추운 겨울날 강이나 호수 표면이 얼어붙어 있어도 그 아래, 아직 얼지 않은 물속에서는 물고기들이 살아가고 있어요.

뾰족

No. 0878
끼리동
동상포켓몬

타입:강철
키:1.2m 몸무게:100.0kg

뾰족한 코끝으로 단단한 바위를 깎아서 먹어요. 온화해서 사람들의 힘쓰는 일을 돕지요.

자세히 알아봐요!

'뾰족'은 물체의 끝이 점점 가늘어져 날카로워진 모양을 가리켜요. 연필 끝이나 바늘, 가시처럼요.

이렇게 써요!
▶ 연필을 **뾰족**하게 깎아야 글자가 잘 써져요.
▶ 가위 끝이 **뾰족**하니 조심해서 사용하세요.

흥미진진 정보 톡톡!

'**뾰족**'한 방법은 무슨 뜻일까요? 생각이나 방법이 매우 기발할 때 '**뾰족**'하다라고 표현하기도 해요. 즉, 뾰족한 방법이란 문제를 해결할 만한 놀라운 방법을 가리킨답니다.

끈끈

No. 0842
단지래플
사과즙포켓몬
타입: 풀 / 드래곤
키: 0.4m 몸무게: 13.0kg

등에 흐르는 달콤한 꿀을 핥으러 다가오는 맛보돈에게 **끈끈**한 꿀을 뱉어서 내쫓아요.

자세히 알아봐요!

'끈끈'은 끈적끈적한 성질이 있어서 잘 달라붙을 때 쓰는 말이에요. 사람 사이가 아주 친할 때도 끈끈하다고 표현해요.

이렇게 써요!
- 손에 꿀이 묻어서 **끈끈**해졌어요.
- 우리 가족은 사이가 **끈끈**해요.

흥미진진 정보 록록!

끈끈이주걱은 곤충을 잡아먹는 식충 식물의 한 종류예요. 끈끈이주걱의 잎은 주걱 모양이에요. 잎에는 붉은 털이 나 있는데 여기서 끈끈한 점액을 분비해 벌레를 잡아먹어요.

비틀비틀

No. 0841
애프룡
사과날개포켓몬

타입:풀 / 드래곤
키:0.3m 몸무게:1.0kg

비틀비틀 날면서 틈을 노린 뒤 금속조차 녹여 버리는 강산성의 액체를 뱉어서 공격해요.

자세히 알아봐요!

'비틀비틀'은 힘이 없거나 어지러워서 균형을 잡지 못하고 쓰러질 듯이 움직이는 모양을 말해요.

이렇게 써요!
▶ 다리가 아파서 **비틀비틀** 걸었어요.
▶ 자전거 한 대가 **비틀비틀** 굴러왔어요.

흥미진진 정보 톡톡!

귀 가장 안쪽에 있는 '내이'는 우리가 비틀거리지 않고 똑바로 걸을 수 있도록 돕는 기관이에요. 내이 덕분에 우리는 몸이 얼마나 기울어졌는지, 어느 방향으로 움직이는지를 느낄 수 있어요.

활활

No. 0839

석탄산(거다이맥스의 모습)
석탄포켓몬

타입: 바위 / 불꽃
키: 42.0m~ 몸무게: ????kg

몸체는 거대한 화덕이에요. 거다이맥스의 파워에 의해 2000도의 불꽃이 **활활** 타올라요.

🔍 자세히 알아봐요!

'활활'은 불길이 세고 시원스럽게 타오르는 모습을 표현한 말이에요. 주로 강한 불길을 묘사할 때 사용하지요.

이렇게 써요!
- 장작이 **활활** 타올랐어요.
- 나무에 불이 붙어 **활활** 타기 시작했어요.

📎 흥미진진 정보 록록!

우리나라는 겨울과 봄에 산불이 잦아요. 산에는 나무와 낙엽 같은 타기 쉬운 물질이 많은데다 날이 건조하고 바람이 불어 불이 순식간에 번질 수 있기 때문이에요.

탁탁

No. 0835
멍파치
강아지포켓몬

타입: 전기
키: 0.3m 몸무게: 13.5kg

간식에 끌려 사람의 일을 돕는 먹보예요. **탁탁** 튀는 전기를 두르고 계속 달려요.

자세히 알아봐요!

'탁탁'은 단단한 물체가 부딪히거나 튀는 소리예요. 먼지를 터는 소리이기도 하고, 일을 잘 처리하는 모습을 가리키기도 해요.

이렇게 써요!
▶ 모닥불이 **탁탁** 튀는 소리를 냈어요.
▶ 맡은 일을 **탁탁** 해냈어요.

흥미진진 정보 록록!

옷을 벗을 때 정전기가 탁탁 튈 때가 있어요. 두 물체가 서로 닿아 비벼지면 전기가 발생하기 때문이에요. 공기 중에 수증기가 많은 여름보다 건조한 겨울에 잘 발생하지요.

덥석

No. 0833

깨물부기

물고늘어지기포켓몬

타입 : 물
키 : 0.3m 몸무게 : 8.5kg

커다란 앞니는 난 지 얼마 되지 않았어요. 이빨이 가려울 때는 동료의 뿔을 덥석 물면서 장난을 쳐요.

자세히 알아봐요!

'덥석'은 갑자기 달려들어 냉큼 물거나 움켜잡는 모양을 가리켜요. 사람을 단단히 잡을 때도 사용하지요.

이렇게 써요!

▶ 친구가 내 손을 덥석 잡았어요.
▶ 고양이가 물고기를 덥석 물고 도망쳤어요.

흥미진진 정보 톡톡!

동물원의 동물들에게 손을 내미는 행동은 위험해요. 호기심 많은 동물들이 손을 덥석 물 수 있거든요. 동물이 신기하더라도 안전과 규칙을 지키며 거리를 두고 관찰하는 것이 가장 좋아요.

곱슬곱슬

No. 0831
우르
양포켓몬

타입: **노말**
키: 0.6m 몸무게: 6.0kg

곱슬곱슬한 털은 훌륭한 쿠션 역할을 해요. 절벽에서 떨어져도 아무렇지도 않아요.

자세히 알아봐요!

'곱슬곱슬'은 털이나 실, 머리카락처럼 가늘고 긴 물체가 고불고불하게 말려있는 모양을 표현하는 말이에요.

이렇게 써요!
▶ 강아지의 **곱슬곱슬**한 털이 무척 귀여워요.
▶ **곱슬곱슬**한 머리카락을 빗으로 빗었어요.

흥미진진 정보 톡톡!

곱슬곱슬한 파마머리는 아주 오래 전부터 있었어요. 고대 이집트 사람들은 나일강의 진흙을 머리카락에 발라 나무 막대기에 감은 후 태양에 말려 곱슬곱슬한 머리를 만들었다고 해요.

푹신푹신

No. 0827
훔처우
여우포켓몬

타입: 악
키: 0.6m 몸무게: 8.9kg

다른 포켓몬이 발견한 먹이를 훔치며 살아요. **푹신푹신**한 볼록살 덕분에 발소리가 나지 않아요.

자세히 알아봐요!

'푹신푹신'은 푸근하고 편안하고 부드러운 느낌을 표현하는 말이에요. '폭신폭신'이라고 쓰면 작은 느낌을 주어요.

이렇게 써요!
▶ 침대가 **푹신푹신**해서 잠이 잘 와요.
▶ 흙이 **푹신푹신**해서 맨발로 걷기 좋아요.

흥미진진 정보 록록!

베개는 일반적으로 솜이나 깃털을 넣어 푹신푹신해요. 하지만 속에 겨나 콩 같은 것을 넣은 베개도 있어요. 나무로 만든 베개인 목침은 전혀 푹신푹신하지 않아요.

꿈틀

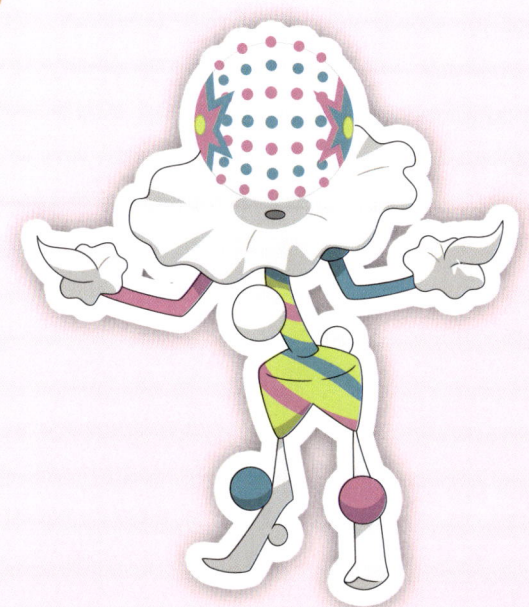

No. 0806
두파팡
불꽃놀이포켓몬

타입: 불꽃 / 고스트
키: 1.8m 몸무게: 13.0kg

꿈틀거리며 사람에게 다가오다 느닷없이 머리를 폭발시켜요. 울트라비스트의 일종인 듯해요.

자세히 알아봐요!

'꿈틀'은 몸의 한 부분을 구부리거나 비트는 모양을 가리켜요. 여러 번 꿈틀대는 것은 '꿈틀꿈틀'이라고 표현해요.

이렇게 써요!

▶ 애벌레가 **꿈틀**거리며 알에서 깨어났어요.
▶ 지렁이가 **꿈틀꿈틀** 땅 위를 기어가요.

흥미진진 정보 록록!

꿈틀거리는 벌레는 식용으로 이용되기도 해요. 태국이나 중국 등에는 벌레를 이용한 음식이 아주 많지요. 우리나라에서도 누에나방의 고치를 요리한 번데기를 먹어요.

깔깔

No. 0803
베베놈
독침포켓몬

타입: 독
키: 0.6m 몸무게: 1.8kg

다른 세계에 사는 울트라비스트예요. 머리의 독침에서 나온 독액을 상대에게 끼얹고 **깔깔** 웃어요.

자세히 알아봐요!

'깔깔'은 못 참을 듯이 크게 웃는 소리를 표현하는 말이에요. '껄껄'은 보다 큰 느낌이 나요.

이렇게 써요!
▸ 아이들이 **깔깔** 웃으며 뛰어놀아요.
▸ 재미있는 이야기에 모두 **깔깔** 웃었어요.

흥미진진 정보 톡톡!

우리말에는 웃음소리가 아주 많아요. '하하', '호호', '허허', '히히', '헤헤', '후후', '흐흐', '낄낄', '푸하하', '까르르', '킥', '쿡쿡' 등 모두 웃음소리를 표현한 말이랍니다.

날름

No. 0023

아보
뱀포켓몬

타입: 독
키: 2.0m 몸무게: 6.9kg

풀밭 등에 많이 서식해요. 혀를 **날름**거리며 주위의 위험을 감지해요.

자세히 알아봐요!

'날름'은 혀나 손을 빠르게 내밀었다가 다시 들이는 모양을 말해요. '날름거리다', '날름대다' 등으로 써요.

이렇게 써요!
- 고양이가 우유를 **날름** 핥아먹었어요.
- 아이가 귀여운 표정으로 혓바닥을 **날름** 내밀었어요.

흥미진진 정보 톡톡!

뱀이 쉴 새 없이 혀를 날름거리는 것은 냄새를 맡기 위해서예요. 뱀은 혀를 내밀어 공기 중에 있는 냄새를 묻혀요. 그리고 먹이의 냄새인지 천적의 냄새인지 알아내지요.

팔랑팔랑

No. 0786
카푸나비나
토속신포켓몬

타입: 에스퍼 / 페어리
키: 1.2m 몸무게: 18.6kg

팔랑팔랑 날아다니며 이상하게 빛나는 인분을 흩뿌려요. 이것에 닿은 자는 곧 건강을 되찾는다고 해요.

자세히 알아봐요!

'팔랑팔랑'은 가벼운 물체가 바람에 나부끼는 모양을 말해요. 또는 나뭇잎이나 나비가 가볍게 계속 날아다닐 때도 쓰여요.

이렇게 써요!
- 나비가 정원을 **팔랑팔랑** 날아다녀요.
- 깃발이 바람에 **팔랑팔랑** 나부껴요.

흥미진진 정보 록록!

팔랑팔랑 날아다니는 나비는 많은 사람들이 무척 좋아하는 곤충이에요. 종류마다 색과 무늬가 다양한 아름다운 날개가 특징이지요. 긴 대롱처럼 생긴 입으로 꽃의 꿀을 빨아 먹어요.

바싹

No. 0770

모래성이당
모래성포켓몬

타입: 고스트 / 땅
키: 1.3m 몸무게: 250.0kg

생명 에너지를 흡수하여 **바싹** 마른 자들의 뼈를 팔의 움푹한 부분을 통해 발사해요.

자세히 알아봐요!

물기가 다 말라서 타들어가는 모양을 '바싹'이라고 표현해요. 또는 아주 가까이 달라붙을 때도 사용해요.

이렇게 써요!
- 빨래가 햇볕에 **바싹** 말랐어요.
- 아이가 아빠에게 **바싹** 달라붙었어요.

흥미진진 정보 톡톡!

칠레의 아타카마 사막은 세계에서 가장 건조한 사막으로, 비가 가장 적게 내리는 곳이기도 해요. 이곳 땅은 바싹 마른 돌과 모래로 덮여 있어요. 어떤 지역은 수백 년 동안 비가 한 방울도 내리지 않았다고 해요.

바둥바둥

No. 0759
포곰곰
바둥바둥포켓몬

타입: 노말 / 격투
키: 0.5m 몸무게: 6.8kg

앞발을 **바둥바둥** 흔들어 몸을 지키는 모습은 귀엽지만 큰 나무도 꺾을 정도의 위력이 있어요.

자세히 알아봐요!

'바둥바둥'은 자꾸 팔다리를 내저으며 움직이는 모양이에요. 어려운 상황에서 벗어나는 모습을 표현할 때도 써요.

이렇게 써요!
▶ 넘어진 아기가 팔다리를 **바둥바둥** 흔들었어요.
▶ 문제를 해결하려고 **바둥바둥** 애썼어요.

흥미진진 정보 록록!

몸집이 큰 육지 거북은 무거운 몸과 둥근 등껍질, 그리고 짧은 팔다리 때문에 몸이 뒤집히면 스스로 다시 일으키기가 쉽지 않아요. 바둥바둥하다 목숨이 위험할 때도 있지요.

어질어질

No. 0758
염뉴트
독도마뱀포켓몬

타입: 독 / 불꽃
키: 1.2m 몸무게: 22.2kg

독가스에 **어질어질**해진 상대를 요염한 몸놀림으로 유혹해서 충실한 부하로 만들어 버려요.

자세히 알아봐요!

'어질어질'은 머릿속이 맑지 않고 어지러운 느낌이 들 때 사용해요. '어찔어찔'도 같은 뜻으로 '어질어질'보다 센 느낌을 줘요.

이렇게 써요!
- 너무 배가 고파서 **어질어질**해요.
- 놀이기구를 타고 내렸더니 **어질어질**해요.

흥미진진 정보 톡톡!

차나 배를 오래 타면 어질어질 멀미가 나요. 귓속 반고리관 같은 감각 기관은 흔들림을 느끼는데 눈은 이를 잘 느끼지 못해 뇌에서 혼란이 일어나 어지럼증, 두통 등의 증상이 나타나는 거예요.

뿔뿔이

No. 0746
약어리 (군집의 모습)
잔물고기포켓몬

타입: 물
키: 8.2m 몸무게: 78.6kg

진형을 만들어 강한 적에 맞서요. 싸움에서 상처를 입으면 **뿔뿔이** 흩어져 1마리로 돌아가요.

🔵 자세히 알아봐요! 🔵

'뿔뿔이'는 사람이나 사물이 한곳에 모여 있다가 제각기 여러 방향으로 흩어지는 모습을 뜻해요.

이렇게 써요!

▶ 가족이 **뿔뿔이** 헤어졌어요.
▶ 저녁이 되자 함께 놀던 아이들이 **뿔뿔이** 흩어졌어요.

흥미진진 정보 톡톡!

혼비백산(魂飛魄散 넋 혼, 날 비, 넋 백, 흩어질 산)이라는 사자성어가 있어요. 넋(정신)이 어지러이 흩어진다는 뜻으로, 몹시 놀라서 넋을 잃음을 이르는 말이에요.

딸랑딸랑

No. 0726
냐오히트
불고양이포켓몬

타입: 불꽃
키: 0.7m 몸무게: 25.0kg

목 주변에 불꽃의 방울이 있어요. 불꽃을 뿜어낼 때 **딸랑딸랑** 높은 소리가 나요.

🔴 자세히 알아봐요!

'딸랑딸랑'은 작은 방울이나 어딘가에 매달린 작은 물건이 흔들릴 때 나는 소리나 모양을 표현하는 말이에요.

이렇게 써요!
▶ 아기가 **딸랑딸랑** 소리가 나는 장난감을 흔들었어요.
▶ 작은 방울이 **딸랑딸랑** 울렸어요.

흥미진진 정보 톡톡!

핸드벨은 작은 종을 딸랑딸랑 흔들어 아름다운 소리를 내는 악기에요. 연주하는 방법이 간단해 누구나 칠 수 있어요. 20세기 초, 영국에서 미국으로 전해진 악기라고 해요.

허둥지둥

No. 0556
마라카치
선인장포켓몬

타입: 풀
키: 1.0m 몸무게: 28.0kg

마라카스 같은 소리를 내요. 리듬이 경쾌해서 새포켓몬은 깜짝 놀라 **허둥지둥** 날아가버려요.

자세히 알아봐요!

'허둥지둥'은 갑작스러운 상황에서 놀라고 당황해서 다급하게 움직이는 모습을 뜻해요.

이렇게 써요!

▶ 아침에 **허둥지둥** 나오느라 가방을 깜빡 잊었어요.

▶ 늦잠을 자서 **허둥지둥** 밥을 먹었어요.

흥미진진 정보 톡톡!

우리나라 속담에 '급히 먹는 밥이 목이 멘다'라는 말이 있어요. 너무 급히 서두르면 일을 그르치거나 실수가 생긴다는 뜻이지요. 허둥지둥 하지 말고 침착하라는 말이에요.

풋풋

No. 0585
사철록(여름의 모습)
계절포켓몬
타입: 노말 / 풀
키: 0.6m 몸무게: 19.5kg

계절에 따라 냄새도 변해요. 독특하면서도 **풋풋**한 냄새가 난다면 여름이 시작된 거예요.

자세히 알아봐요!

무언가가 새로 돋아난 풀처럼 싱그러울 때 '풋풋하다'라고 표현해요. 신선한 과일이나 젊고 순수한 모습을 묘사할 때 많이 사용해요.

이렇게 써요!
▸ **풋풋**한 사과향이 나요.
▸ 할머니께서 젊은 시절 사진을 보시더니 **풋풋**하다고 하셨어요.

흥미진진 정보 록록!

단어 앞에 '풋'이 붙으면 덜 익은 상태 또는 익숙하지 못하고 서투르다는 뜻이에요. 예를 들어, 풋사과는 덜 익은 사과를 뜻하고 풋내기는 아직 경험이 부족한 사람을 뜻해요.

들쭉날쭉

No. 0618

메더(가라르의 모습)

트랩포켓몬

타입: 땅 / 강철
키: 0.7m 몸무게: 20.5kg

진흙에 숨어 눈에 띄는 입술로 먹이를 유인해요. **들쭉날쭉**한 강철 지느러미로 단단히 잡아요.

자세히 알아봐요!

'들쭉날쭉'은 들어가기도 하고 나오기도 해서 가지런하지 않은 모양을 말해요. '들쑥날쑥'도 비슷한 뜻이에요.

이렇게 써요!

▶ 동생이 그린 그림은 들쭉날쭉해요.
▶ 방학이 되니 일어나는 시간이 들쭉날쭉해요.

흥미진진 정보 톡톡!

우리나라 서해안은 해안선이 들쭉날쭉해요. 이러한 특징 덕분에 갯벌이 발달했답니다. 갯벌에는 게와 조개, 새우, 갯지렁이, 짱뚱어 등 다양한 생물들이 살고 있어요.

바삭바삭

No. 0940

찌리비

바다제비포켓몬

타입: 전기 / 비행
키: 0.4m 몸무게: 3.6kg

바닷가 절벽에 둥지를 지어요. 둥지는 **바삭바삭**한 식감 덕에 인기 있는 별미지요.

자세히 알아봐요!

'바삭바삭'은 보송보송한 물건이 가볍게 바스라지는 소리에요. 마른 풀이나 낙엽을 밟는 소리를 뜻하기도 해요.

이렇게 써요!

▶ 과자를 씹으니 **바삭바삭** 소리가 나요.
▶ **바삭바삭** 낙엽 밟는 소리가 듣기 좋아요.

흥미진진 정보 톡톡!

바삭바삭한 감자칩을 미국에서는 포테이토칩, 영국에서는 크리습이라고 해요. 1853년 미국의 요리사 조지 크럼이 감자튀김이 두껍다고 계속 불평했던 손님을 골탕 먹이려고 만들었던 것이 유래라는 설이 있어요.

빙글빙글

No. 0654

테르나
여우포켓몬

타입: 불꽃
키: 1.0m 몸무게: 14.5kg

꼬리의 나뭇가지에 붙인 불꽃을 휘둘러서 동료에게 신호를 보내요. 위험한 순간에는 **빙글빙글** 돌려요.

🔍 자세히 알아봐요!

'빙글빙글'은 큰 물체가 잇따라 미끄럽게 도는 모양을 나타내는 말이에요. 작은 것이 돌 때는 '뱅글뱅글'이라고 써요.

이렇게 써요!

▶ 회전목마가 **빙글빙글** 돌아가요.
▶ 바람개비가 바람에 **빙글빙글** 돌고 있어요.

📎 흥미진진 정보 톡톡!

달은 지구 주위를 빙글빙글 돌고 있어요. 이처럼 행성 주위를 도는 천체를 위성이라고 해요. 목성은 위성이 무려 90개가 넘는다고 해요.

찰싹

No. 0657
개굴반장
거품개구리포켓몬

타입: 물
키: 0.6m 몸무게: 10.9kg

수직 벽에 손끝으로 **찰싹** 붙어서 고층 빌딩도 척척 오를 수 있어요.

자세히 알아봐요!

'찰싹'은 액체가 어떤 물체에 마구 부딪히거나 달라붙는 모양을 가리키는 말이에요. 사람 사이의 관계가 뗄 수 없을 정도로 긴밀한 것을 표현하기도 해요.

이렇게 써요!
▶ 파도가 바위에 **찰싹** 부딪혔어요.
▶ 그 둘은 언제나 **찰싹** 붙어 다녀요.

흥미진진 정보 톡록!

도마뱀붙이는 발바닥에 수많은 털이 나 있는데, 이 털 덕분에 벽이나 천장에 찰싹 잘 달라붙어요. 과학자들은 도마뱀붙이의 발바닥을 본떠 매끄러운 벽면을 쉽게 올라갈 수 있는 로봇을 개발하기도 했어요.

싱글벙글

No. 0479

로토무(스핀로토무)
플라스마포켓몬

타입: 전기 / 비행
키: 0.3m 몸무게: 0.3kg

선풍기에 들어간 모습이에요. 주위에 있는 물건을 날려 버리고는 해냈다는 듯이 **싱글벙글**하고 있어요.

🔴 자세히 알아봐요!

'싱글벙글'은 눈과 입을 슬며시 움직이며 소리 없이 환하게 웃는 모양이에요. 기분이 좋아서 얼굴에 웃음이 가득 찬 모습이지요.

이렇게 써요!

▶ 선물을 받은 아이가 **싱글벙글** 웃어요.
▶ 무슨 좋은 일이 있길래 **싱글벙글** 웃고 있니?

흥미진진 정보 톡톡!

우리나라 속담에 '웃는 낯에 침 뱉으랴'라는 말이 있어요. 싱글벙글 웃으면 화가 난 상대방이라도 마음이 누그러진다는 말로, 좋은 얼굴을 한 사람에게 누구든 함부로 대하지 못한다는 뜻이에요.

복슬복슬

No. 0906
나오하
풀고양이포켓몬

타입: 풀
키: 0.4m 몸무게: 4.1kg

복슬복슬한 털은 식물에 가까운 성분으로 이루어져 있어요. 수시로 세수를 하면서 건조해지는 것을 방지해요.

자세히 알아봐요!

'복슬복슬'은 살이 찌고 털이 많아서 귀엽고 탐스러운 모양을 가리키는 말이에요. 비슷한 말로 '북슬북슬'이 있어요.

이렇게 써요!
▶ 강아지의 **복슬복슬**한 털을 쓰다듬었어요.
▶ **복슬복슬**한 양들이 풀을 뜯어먹고 있어요.

흥미진진 정보 록록!

삽살개는 우리나라 토종개 중 하나로, 복슬복슬한 털과 눈을 가리는 긴 털이 특징이에요. '삽'은 쫓는다는 뜻이고 '살'은 귀신이나 액운을 뜻하는 말이지요. 1992년 천연기념물로 지정되었어요.

숨겨진 이름을 찾아라!

<보기>에 있는 포켓몬의 이름을 찾아 ○ 해 보세요.

쥰	아	보	석	구	베
쫀	몬	물	스	터	베
도	자	건	라	치	놈
기	정	차	츄	킹	피
변	림	면	리	자	루
후	하	느	라	기	리

7장
받아쓰기 할 때 틀리기 쉬운 단어

닮다

No. 0990
무쇠바퀴
패러독스포켓몬

타입: 땅 / 강철
키: 0.9m 몸무게: 240.0kg

오컬트 잡지에서 소개된 적 있는 우주인이 보낸 과학 병기와 많이 **닮았어요**.

자세히 알아봐요!

'닮다'는 사물이나 사람이 생김새나 성질이 서로 비슷하는 뜻이에요. 그대로 똑같이 닮았다면 '빼닮다'라고 쓸 수 있어요.

이렇게 써요!
- 나는 아버지와 꼭 **닮았어요**.
- 앵무새의 화려한 깃털이 무지개를 닮았어요.

흥미진진 정보 록록!

문어는 주변 환경과 닮도록 몸의 색과 무늬를 바꿀 수 있어요. 덕분에 포식자를 피하거나 먹잇감에게 몰래 다가갈 수 있지요. 심지어 뱀이나 다른 물고기를 흉내 내는 문어도 있답니다.

짧다

No. 1020
꿰뚫는화염
패러독스포켓몬
타입: 불꽃 / 드래곤
키: 3.5m 몸무게: 590.0kg

목격 보고는 매우 드물어요. 불기둥을 뿜어내며 날뛰는 모습이 담긴 **짧은** 영상이 존재해요.

🔴 자세히 알아봐요! 🔴

'짧다'는 물체의 두 끝 사이가 가깝거나 시간이나 글, 말의 길이가 얼마 되지 않을 때 등 다양한 상황에서 사용해요.

······································

이렇게 써요!
▶ 머리카락을 **짧게** 잘랐어요.
▶ 방학이 너무 **짧아서** 아쉬워요.

흥미진진 정보 록록!

'찰나'라는 말을 들어본 적 있나요? 원래는 불교에서 극히 짧은 시간을 가리키는 말이에요. '문을 여는 찰나'처럼 '어떤 일이 일어나는 순간'이라는 일상적인 뜻으로 쓰이지요.

핥다

No. 0216

깜지곰
아기곰포켓몬

타입: 노말
키: 0.6m 몸무게: 8.8kg

손바닥에는 달콤한 꿀이 잔뜩 배어들어 있어요. 불안할 때 손바닥을 **핥으면** 웃게 돼요.

자세히 알아봐요!

'핥다'는 혀가 물체의 겉면에 살짝 닿으면서 지나가게 한다는 뜻이에요. 물, 불, 빛, 시선 따위가 물체의 표면을 부드럽게 스치거나 머무르는 것을 비유적으로 표현할 때도 써요.

이렇게 써요!
▶ 고양이가 빈 그릇을 **핥았어요**.
▶ 아이가 아이스크림을 **핥아** 먹고 있어요.

흥미진진 정보 톡톡!

고양이의 혀를 자세히 살펴보면 작은 가시 같은 것들이 까끌까끌하게 나 있어요. 고양이는 이렇게 생긴 혓바닥으로 자기 털이나 서로의 털을 핥으며 빗을 빗듯이 몸을 정돈한답니다.

밝히다

No. 1007
코라이돈
패러독스포켓몬

타입: 격투 / 드래곤
키: 2.5m   몸무게: 303.0kg

모토마를 닮았지만 그보다 훨씬 튼튼하고 흉포해요. 생태 등은 **밝혀진** 것이 전혀 없어요.

자세히 알아봐요!

'밝히다'는 불빛 등으로 어두운 곳을 환하게 한다는 뜻이에요. 숨겨진 사실이나 내용, 생각을 드러내 알릴 때도 '밝히다'라고 써요.

이렇게 써요!
▶ 등불을 켜서 어두운 거리를 **밝혔어요**.
▶ 사건의 원인을 자세히 **밝혔어요**.

흥미진진 정보 톡톡!

태평양에 있는 마리아나 해구는 지구에서 가장 깊은 바다예요. 평균 수심이 약 7~8km에 이르며, 가장 깊은 곳은 10km가 넘어요. 세계에서 가장 높은 산인 에베레스트 산이 통째로 잠기고도 남을 정도지요.

짊어지다

No. 0001
이상해씨
씨앗포켓몬

타입: 풀 / 독
키: 0.7m 몸무게: 6.9kg

태어날 때부터 등에 씨앗을 **짊어지고** 있어요. 몸이 크게 성장함에 따라 씨앗도 커져요.

자세히 알아봐요!

짐을 지는 것을 '짊어지다'라고 해요. 어떤 일을 책임지고 맡게 되었을 때도 '짊어지다'라고 표현해요.

이렇게 써요!
- 무거운 가방을 어깨에 **짊어지고** 걸었어요.
- 농부는 수확한 곡식을 **짊어지고** 창고로 향했어요.

흥미진진 정보 록록!

물에 사는 곤충인 물자라는 암컷이 수컷 등에 알을 낳아요. 그러면 수컷은 등에 알을 **짊어지고** 다니며 돌보지요. 수컷은 수시로 물 위로 떠올라 알이 공기를 마실 수 있게 해요.

많다

No. 0992

무쇠손

패러독스포켓몬

타입: 격투 / 전기
키: 1.8m 몸무게: 380.7kg

어느 탐험기에 기록된 "무쇠손"이라는 물체와 닮은 점이 **많은** 포켓몬이에요.

자세히 알아봐요!

'많다'는 수나 양, 정도 따위가 일정한 기준을 넘었다는 뜻이에요. 수가 매우 많은 것을 나타내는 '수많다'라는 표현도 함께 알아 두면 좋아요.

이렇게 써요!
- 도서관에는 책이 아주 **많아요**.
- 콘서트장이 **수많은** 관객들로 가득 찼어요.

흥미진진 정보 록록!

중국과 인도는 세계에서 인구가 가장 많은 나라로 1, 2위를 다투어요. 2024년에는 인도가 약 14억 4천 명으로 1위를 차지했는데 이는 지구 전체 인구의 약 18%를 차지해요.

뚫다

No. 0982

노고고치(두 마디폼)
땅뱀포켓몬

타입: 노말
키: 3.6m 몸무게: 39.2kg

단단한 꼬리로 땅속 깊은 곳에 있는 암반을 **뚫어서** 보금자리를 만들어요. 굴의 깊이는 무려 10km에 이르지요.

자세히 알아봐요!

'뚫다'는 구멍을 내는 것을 말해요. 막혀 있는 곳에 길을 내거나 장애물을 헤치고 나갈 때도 쓰는 말이에요.

이렇게 써요!
- 산을 **뚫고** 터널을 만들었어요.
- 치열한 경쟁을 **뚫고** 우승을 차지했어요.

흥미진진 정보 록록!

'낙숫물이 댓돌을 뚫는다'라는 속담이 있어요. 낙숫물은 처마 끝에서 한 방울씩 똑똑 떨어지는 물이에요. 작은 힘이라도 꾸준히 노력하면 큰 결과를 얻을 수 있다는 말이지요.

싫다

No. 0972
묘두기
유령개포켓몬

타입: 고스트
키: 2.0m 몸무게: 15.0kg

정성스럽게 추모를 받은 포켓몬이 환생한 모습이에요. 머리의 돌기를 만지는 것을 **싫어**해요.

🔴 자세히 알아봐요! 🔴

마음에 들지 않을 때 '싫다'라고 표현해요. 자주 쓰는 말이지만 받침이 헷갈리기 쉬우니 유의해야 해요!

이렇게 써요!
▶ 나는 추운 겨울이 **싫어**요.
▶ 동생은 약이 써서 먹기 **싫대**요.

흥미진진 정보 톡톡!

싫은 생각이나 느낌을 '싫증'이라고 해요. '싫다'와 병을 앓을 때 나타나는 상태를 뜻하는 한자 '증(症 증세 증)'이 합쳐진 단어지요. '싫증을 내다', '싫증을 느끼다' 등으로 사용할 수 있어요.

섞다

No. 0966

부르르룸

다기통포켓몬

타입: 강철 / 독
키: 1.8m 몸무게: 120.0kg

독소와 바위 성분이 **섞인** 가스를 8개로 늘어난 실린더에서 폭발시켜 에너지를 만들어 내요.

자세히 알아봐요!

'섞다'는 서로 다른 것들을 한곳에 모아 합치는 것을 말해요. 마구 섞을 때는 '뒤섞다'라고 표현해요.

이렇게 써요!

▶ 여러 색깔의 물감을 **섞어** 그림을 그렸어요.
▶ 우유에 코코아 가루를 **섞어** 마셨어요.

흥미진진 정보 톡톡!

비빔밥은 우리나라를 대표하는 전통 음식 중 하나예요. 밥 위에 여러 가지 나물, 고기, 달걀 등을 올리고 양념과 함께 비벼 먹는 밥이지요. 다양한 재료가 섞여 하나의 맛을 만들어 낸답니다.

진흙

No. 0750

만마드
만마포켓몬

타입: 땅
키: 2.5m   몸무게: 920.0kg

힘쓰는 일뿐만 아니라 도자기의 재료가 되는 질 좋은 **진흙**을 만들기 때문에 소중히 여겨져 왔어요.

자세히 알아봐요!

'진흙'은 빛깔이 붉고 차진 흙 또는 물과 흙이 섞여 질척질척하게 짓이겨진 흙을 말해요. 흙이 질척질척하게 된 땅을 '진흙탕'이라고 하지요.

이렇게 써요!
- 아이들이 **진흙**을 가지고 놀고 있어요.
- 비가 와서 길이 **진흙탕**이 되었어요.

흥미진진 정보 톡톡!

돼지는 땀샘이 발달하지 않아서, 더울 때 체온을 떨어뜨리기 위해 진흙 목욕을 즐겨요. 이를 통해 몸을 시원하게 식히고, 몸에 달라붙은 진드기나 벼룩도 털어 내지요.

일컫다

No. 0719
메가디안시
보석포켓몬

타입: 바위 / 페어리
키: 1.1m 몸무게: 27.8kg

멜리시의 돌연변이예요. 분홍빛으로 빛나는 몸은 세계에서 가장 아름답다고 **일컬어**져요.

🔍 자세히 알아봐요!

'일컫다'는 무언가 가리켜 말하거나 이름 지어 부르는 것을 뜻해요. 우러러 칭찬하거나 기리어 말한다는 뜻도 있지요.

이렇게 써요!

▶ 사람들은 그를 영웅이라고 **일컫는다**.
▶ 이 그림을 **일컬어** 현대 최고의 작품이라고 해요.

📋 흥미진진 정보 톡톡!

사자를 흔히 백수의 왕으로 일컬어요. 사자가 아무 일도 하지 않고 빈둥거린다는 뜻일까요? 여기서 백수는 일백 백(百), 짐승 수(獸)를 써서 백 가지 동물, 즉 온갖 동물을 뜻한답니다.

떫다

No. 0928
미니브
올리브포켓몬
타입: 풀 / 노말
키: 0.3m   몸무게: 6.5kg

머리의 열매에서 오일을 나오게 해서 적으로부터 몸을 지켜요. 오일은 펄쩍 뛸 만큼 **떫고** 써요.

자세히 알아봐요!

'떫다'는 덜 익은 감처럼 거세고 텁텁한 맛이 난다는 뜻이에요. '떨떠름하다'라고도 해요. 못마땅한 마음을 표현할 때 쓰기도 해요.

이렇게 써요!
▶ 감이 덜 익어서 **떫은** 맛이 나요.
▶ 왜 **떫은** 표정으로 쳐다보니?

흥미진진 정보 톡톡!

홍시는 물렁하게 잘 익은 감을 말해요. 떫은 땡감을 통풍이 잘 되고 서늘한 곳에 두고 기다리면 달콤한 홍시가 되지요. 이때 사과를 같이 두면 사과의 에틸렌이라는 성분이 홍시가 빠르게 되도록 도와줘요.

낚다

No. 0875

빙큐보(나이스페이스)

펭귄포켓몬

타입: 얼음
키: 1.4m 몸무게: 89.0kg

겉보기와는 달리 헤엄이 서툴러요. 털끝에 만든 얼음 구슬로 먹이를 유인해서 **낚아** 올려요.

자세히 알아봐요!

'낚다'는 낚싯대나 도구로 물고기를 잡는 일을 말해요. 꾀를 부려 사람의 마음을 끌어당길 때도 써요. 무엇을 갑자기 붙들거나 잡아챈다는 뜻도 있어요.

이렇게 써요!

▶ 할아버지가 강에서 큰 물고기를 **낚으셨어요**.
▶ 화려한 광고로 사람들의 관심을 **낚았어요**.

흥미진진 정보 록록!

'빈낚시에 고기가 물릴 수 없다'라는 속담이 있어요. 빈낚시는 미끼를 꿰지 않은 낚시지요. 힘을 안 들인 일에는 성과가 있을 수 없음을 뜻하는 말이에요.

끓다

No. 0322
둔타
둔감포켓몬

타입: 불꽃 / 땅
키: 0.7m 몸무게: 24.0kg

1200도의 마그마가 체내에서 **끓고** 있어요. 추워지면 마그마가 굳어서 움직임이 둔해져요.

자세히 알아봐요!

'끓다'는 액체가 몹시 뜨거워져 소리를 내며 거품이 솟아오르는 것을 뜻해요. 어떤 감정이 강하게 솟아날 때도 '끓다'라고 해요.

이렇게 써요!
▶ 찌개가 보글보글 **끓고** 있어요.
▶ 친구가 자꾸 놀려서 화가 **끓었어요**.

흥미진진 정보 톡톡!

압력밥솥에 쌀과 물을 넣고 끓이면 내부 압력이 높아지고 물이 더 높은 온도에서 끓어요. 고온으로 빠르게 요리가 가능하기 때문에 영양소 파괴가 적고, 쌀알마다 균일하게 열이 전달되는 등 많은 장점이 있지요.

갉다

No. 0871
찌르성게
성게포켓몬
타입: 전기
키: 0.3m 몸무게: 1.0kg

먹이를 소화시킬 때 전기를 만들어 내요. 5개의 단단한 이빨로 해초를 **갉아** 먹어요.

🔍 자세히 알아봐요!

'갉다'는 이빨이나 발톱같이 날카롭고 뾰족한 끝으로 표면을 조금씩 긁어내거나 깎을 때 사용하는 말이에요.

이렇게 써요!

▶ 다람쥐가 밤을 **갉아** 먹어요.
▶ 송충이가 마당의 나뭇잎을 다 **갉아** 먹었어요.

📎 흥미진진 정보 톡톡!

햄스터를 키울 때는 나무 조각을 함께 넣어 주어야 해요. 햄스터의 이빨은 계속 자라기 때문에 단단한 물질을 갉아서 길이를 조절하지 않으면 제대로 먹지 못하거나 입에 상처가 날 수 있어요.

끊다

No. 0852

때때무노
떼쟁이포켓몬

타입: 격투
키: 0.6m 몸무게: 4.0kg

세 살 아이 정도의 지능을 가졌어요. 촉수는 잘 **끊어**지지만 재생되기 때문에 신경 쓰지 않아요.

자세히 알아봐요!

'끊다'는 실이나 줄 등으로 이어져 있던 것을 자르는 것을 말해요. 하던 일을 멈추거나 하지 않을 때도 '끊다'라고 하지요.

이렇게 써요!
- 가위로 실을 **끊었어요**.
- 친구가 갑자기 전화를 **끊었어요**.

흥미진진 정보 록록!

콘서트 티켓이나 기차표 같은 표를 살 때도 '끊다'라고 표현해요. 지금은 전자 티켓을 사용하는 경우가 많지만 예전에는 종이로 된 표를 손님에게 잘라서 주었어요.

귀찮다

No. 0817
누겔레온
물도마뱀포켓몬
타입: 물
키: 0.7m 몸무게: 11.5kg

만사 **귀찮아하는** 성격이지만 지능이 높아 함정을 설치해서 자신의 거처를 지켜요.

자세히 알아봐요!

마음에 들지 않고 하기 싫은 마음이 들 때 '귀찮다'라고 표현해요. 비슷한 말로 '성가시다', '번거롭다' 등이 있어요.

이렇게 써요!
- 날이 더워 움직이기 **귀찮아요**.
- 동생이 계속 따라다니며 **귀찮게** 굴었어요.

흥미진진 정보 톡톡!

나무늘보의 이름은 우리나라 말로 '나무'와 느림보를 뜻하는 '늘보'를 합친 말이에요. 나무늘보는 모든 일이 귀찮다는 듯이 느릿느릿 움직이지요. 너무 안 움직여서 도리어 천적에게 눈에 잘 띄지 않는다고 해요.

굵다

No. 0555
불비달마(노말모드)
염상포켓몬
타입: 불꽃
키: 1.3m 몸무게: 92.9kg

혈기왕성한 포켓몬이에요. **굵직한** 팔에서 날리는 펀치는 덤프트럭도 가루로 만들어버려요.

자세히 알아봐요!

물체의 지름이 보통보다 길 때 '굵다'라고 표현해요. 또 밤이나 대추 등의 부피가 크거나 소리의 울림이 큰 것을 표현할 때도 '굵다'라고 써요.

이렇게 써요!
- 이 나무는 줄기가 무척 **굵어요**.
- 아빠의 목소리는 엄마 보다 낮고 **굵어요**.

흥미진진 정보 톡톡!

멕시코 오악사카 주에 있는 툴레 나무는 세계에서 가장 굵은 나무에요. 몸통 둘레는 약 40m에 달하는데, 이는 어른 30~40명이 손을 잡고 안을 수 있을 정도랍니다.

잃다

No. 0752
깨비물거미
수포포켓몬

타입: 물 / 벌레
키: 1.8m 몸무게: 82.0kg

끈적끈적한 수포를 발사해요. 안에 갇힌 적이 정신을 **잃으면** 큰 턱으로 깨물어 부수어요.

🔍 자세히 알아봐요!

'잃다'는 가졌던 물건이 자신도 모르게 없어져 그것을 갖지 않게 되었다는 뜻이에요. 또 의식이나 감정 따위가 사라지거나 기회나 때가 사라지는 등 여러 상황에서 사용해요.

이렇게 써요!
▶ 무서운 상대 앞에서 용기를 **잃고** 말았어요.
▶ 홍수가 크게 나서 집을 **잃었어요**.

📎 흥미진진 정보 톡톡!

제정신을 잃고 멍한 상태가 되거나, 어떤 것을 보는 데 너무 열중한 나머지 정신을 잃었을 때 '넋을 잃다'라고 표현해요. 여기서 '넋'은 정신이나 마음을 뜻하는 말이에요.

밝다

No. 0715
음번
음파포켓몬

타입: 비행 / 드래곤
키: 1.5m 몸무게: 85.0kg

어둠 속에서는 삼삼드래조차 두려워하는 존재예요. **밝은** 곳에서는 음번이 싸움을 피해요.

🔵 자세히 알아봐요! 🔵

'밝다'는 빛이 환해져 어두움이 없어진 상태를 말해요. 사람의 성격이나 분위기가 긍정적일 때도 '밝다'라고 표현해요.

이렇게 써요!
▶ 조명을 켜니 방 안이 **밝아**졌어요.
▶ 친구가 **밝은** 목소리로 인사했어요.

흥미진진 정보 톡톡!

밝으면 주변이 명확하게 잘 보여요. 그래서 감각 기관이 뛰어날 때도 '밝다'라고 해요. 소리를 잘 들으면 '귀가 밝다', 관찰력이 좋으면 '눈이 밝다'라고 표현하지요.

덮치다

No. 0630
버랜지나
뼈독수리포켓몬

타입: 악 / 비행
키: 1.2m 몸무게: 39.5kg

하늘에서 지상을 관찰하다 쇠약해진 먹이를 **덮쳐요**. 뼈로 몸치장하는 습성이 있어요.

자세히 알아봐요!

'덮치다'는 무엇을 잡아내려고 휩싸서 들이닥치거나, 들이닥쳐 위에서 내리누른다는 뜻이에요. 좋지 못한 일들이 한꺼번에 닥친다는 뜻도 있어요.

이렇게 써요!
- 사자가 순식간에 먹잇감을 **덮쳤어요**.
- 커다란 파도가 배를 **덮쳤어요**.

흥미진진 정보 톡톡!

'엎친데 덮친 격'이라는 표현이 있어요. 앞으로 넘어졌는데 그 위에 또 넘어진 상황을 가리키는 말로, 불행이 계속해서 들이닥칠 때 사용해요. 비슷한 표현으로 '산 넘어 산'이 있어요.

굶다

No. 0668

화염레오(암컷의 모습)
임금포켓몬

타입: 불꽃 / 노말
키: 1.5m 몸무게: 81.5kg

무리의 암컷들이 협력해서 먹잇감을 처리해요. 암컷들 덕분에 무리가 **굶지** 않을 수 있는 거예요.

자세히 알아봐요!

'굶다'는 끼니, 즉 음식을 거른다는 뜻이에요. 비슷한 말로 모자라게 먹거나 굶는다는 뜻의 '곯다'라는 말도 있어요.

이렇게 써요!

▶ 늦잠을 자느라 아침을 **굶었어요**.
▶ 다이어트를 한다고 하루종일 **굶었어요**.

흥미진진 정보 록록!

'굶으면 아낄 것 없어 통 비단도 한 끼라'라는 속담이 있어요. 호화롭게 살다가도 가난해지면 아무리 귀중한 것도 밥 한 끼와 바꾸게 된다는 뜻이에요.

읽다

No. 0675
부란다
무서운얼굴포켓몬
타입: 격투 / 악
키: 2.1m 몸무게: 136.0kg

잎사귀로 상대의 움직임을 **읽어요**. 대형 덤프트럭을 일격에 고철로 만들어버리는 펀치를 가졌어요.

자세히 알아봐요!

'읽다'는 글이나 글자, 책 등을 보고 그 내용을 이해하거나 소리 내어 말하는 것을 뜻해요. 사람의 표정이나 행위를 보고 뜻이나 마음을 알아차린다는 뜻도 있어요.

이렇게 써요!
▶ 도서관에서 책을 **읽었어요**.
▶ 친구의 표정에서 창피함을 **읽을** 수 있었어요.

흥미진진 정보 톡톡!

'나비처럼 날아서 벌처럼 쏜다'라는 말로 유명한 무하마드 알리는 전설적인 미국의 권투 선수예요. 상대방의 움직임을 읽어 공격을 피하고 빠르고 화려한 발놀림과 펀치로 승리를 차지했어요.

무늬

No. 0603
저리릴
전기물고기포켓몬

타입: 전기
키: 1.2m 몸무게: 22.0kg

둥근 **무늬**가 발전 기관이에요. 상대를 휘감은 후 무늬를 딱 붙여서 전기를 흘려 보내요.

🔍 자세히 알아봐요!

'무늬'는 물건의 표면에 나타난 어떤 모양을 말해요. 옷감이나 조각품 따위를 장식하기 위해 새긴 여러 가지 모양을 뜻하기도 하지요.

이렇게 써요!
▶ 호랑이는 멋진 줄**무늬**를 가지고 있어요.
▶ 커튼에 예쁜 꽃**무늬**가 있어요.

📎 흥미진진 정보 톡톡!

얼룩말의 몸에는 희고 검은 줄무늬가 있어요. 그러면 얼룩말의 피부는 무슨 색일까요? 얼룩말의 털을 밀면 검은색 피부가 나와요. 하얀 털이 자라며 아름다운 줄무늬가 생기는 거랍니다.

뱉다

No. 0947
공푸리
회전초포켓몬

타입: 풀 / 고스트
키: 1.2m 몸무게: 6.0kg

머리의 가지를 열어서 먹이를 삼켜요. 생기를 실컷 흡수한 다음 그대로 **뱉어** 버려요.

🔍 자세히 알아봐요!

'뱉다'는 입속에 있던 것을 밖으로 내보내는 것을 뜻해요. 말을 함부로 하는 것을 비유적으로 표현할 때도 써요.

이렇게 써요!
▶ 길에 침을 **뱉으면** 안 돼요.
▶ 화가 난 나머지 아무 말이나 마구 **뱉고** 말았어요.

📎 흥미진진 정보 톡톡!

남아메리카에 사는 다윈코개구리는 새끼를 키우는 방식이 독특해요. 암컷이 알을 낳으면 수컷이 입안의 울음 주머니에 넣어 키워요. 새끼들이 다 자라면 다시 뱉어 내지요.

얇다

No. 0193
왕자리
얇은날개포켓몬

타입: 벌레 / 비행
키: 1.2m 몸무게: 38.0kg

반대편이 비칠 정도로 **얇고** 가녀린 날개를 가졌어요. 하지만 날갯짓의 위력은 대기를 어지럽히고 민가를 날려 버릴 정도예요.

자세히 알아봐요!

'얇다'는 두께가 두껍지 않다는 뜻이에요. 층을 이루는 사물의 높이, 집단의 규모가 보통 수준에 미치지 못하다는 뜻도 있지요.

이렇게 써요!
- 추운데 왜 이렇게 **얇은** 옷을 입었니?
- 우리 반 축구 팀은 선수 층이 **얇아서** 문제야.

흥미진진 정보 록록!

'얇다/두껍다'와 '가늘다/굵다'는 비슷해 보이면서도 뜻이 달라요. 앞의 말은 사물의 두께를 표현할 때 쓰고, 뒤의 말은 사물의 지름을 표현할 때 쓰지요. 예를 들어 머리카락을 묘사할 때는 '가늘다/굵다'를 써요.

꽂다

No. 0769
모래꿍
모래산포켓몬

타입: 고스트 / 땅
키: 0.5m 몸무게: 70.0kg

삽을 잃어버리면 나뭇가지 등을 대신 **꽂고** 다니며 새로운 삽을 찾을 때까지 마음을 달래요.

자세히 알아봐요!

'꽂다'는 쓰러지거나 빠지지 않도록 박아 세우거나 끼운다는 뜻이에요. 시선 따위를 한곳에 고정한다는 뜻도 있어요.

이렇게 써요!
- 책꽂이에 책을 **꽂았어요**.
- 반장이 입을 열자, 친구들의 시선이 모두 반장에게 **꽂혔어요**.

흥미진진 정보 톡톡!

꽃병에 꽂힌 예쁜 꽃들은 어디서 온 걸까요? 네덜란드는 세계 최대 꽃 수출국이에요. 네덜란드는 전 세계에서 판매되는 꽃의 반 이상을 생산해요. 특히 튤립은 전 세계 생산량의 약 80%를 차지한다고 해요.

짓궂다

No. 0859

메롱꿍
꾀부리기포켓몬

타입: 악 / 페어리
키: 0.4m 몸무게: 5.5kg

무리를 만들어 지내면서 서로에게 장난을 치거나 **짓궂은** 짓을 하며 실력을 갈고닦아요.

자세히 알아봐요!

'짓궂다'는 장난스럽게 남을 괴롭고 귀찮게 하여 달갑지 않다는 뜻이에요. 비슷한 뜻의 '얄궂다'라는 표현도 있어요.

이렇게 써요!

▶ 자꾸 동생에게 **짓궂은** 장난을 친다고 혼났어요.
▶ 친구가 **짓궂게** 웃으며 놀려댔어요.

흥미진진 정보 톡톡!

'궂다'는 '궂은 날씨'나 '궂은 일'처럼 나쁘거나 언짢을 때 사용돼요. 다른 단어 뒤에 붙으면 어떤 좋지 않은 상태가 더 심한 것을 뜻해요. 예를 들어, '심술궂다', '험상궂다' 등이 있지요.

피카츄를 만나러 가요!

이름이 네 글자인 포켓몬을 모두 만나고 피카츄에게 도착할 수 있도록 길을 찾아 보세요!

맞춤법 마스터가 되자!

1. 맞춤법이 잘못된 곳을 찾아 ○ 하고 고쳐 써 보세요.

나로테
단단한 꽃봉우리로 상대를 가격해요.
➡

암멍이
주인에게 입은 은혜는 잇지 않아요.
➡

데스마스(가라르의 모습)
저주가 새겨진 점토판이 데스마스에 쓰였어요.
➡

크레베이스
얼음으로 된 거대한 몸으로 방해되는 것은 모조리 뭉게 버려요.
➡

2. 포켓몬에 대한 설명이 올바르게 되도록
〈보기〉에서 올바른 단어를 찾아 빈칸을 채워 주세요.

보기

축   꽁꽁   깔깔   팔랑팔랑   척척   곱슬곱슬

카푸나비나

　　　　 날아다니며 이상하게 빛나는 인분을 흩뿌려요.

어치르돈

주변을 　　　　 얼려서 먹이를 잡아요.

곤율랭

　　　　 늘어난 가죽을 목까지 끌어 올려서 가드해요.

두리쥐

호흡이 　　　　 맞아요.

3. 어떻게 읽어야 하는지 정답을 찾아 선으로 이어 주세요.

t •　　　　• 미터

m •　　　　• 노트

kg •　　　　• 킬로그램

L •　　　　• 톤

kn •　　　　• 리터

4. 포켓몬에 대한 설명이 맞춤법에 맞도록 알맞은 말을 선택하세요.

모래두지

□ 구멍을 파서 생활해요.
깊은 **VS** 깁은

비비용(화원의 모양)

살고 있는 장소나 기후의 풍토에 따라 날개의 모양이 □
달라요. **VS** 틀려요.

나이킹

머리의 털이 단단해져서 철로 된 □ 처럼 되었어요.
헬맷 **VS** 헬멧

디아루가

시간을 □ 힘을 가지고 있어요.
조정하는 **VS** 조종하는

오라티프

상대에게 얕보이지 않기 위해 항상 얼굴을 □
찌푸려요. **VS** 찌뿌려요.

5. 밑줄 친 부분이 맞으면 ○, 틀리면 X에 표시하고, 바르게 고쳐 써 보세요.

돌살이

마음에 드는 돌멩이에 구멍을 파서 보금자리로 삼아요.
➡

나옹

눈 부시게 빛나는 것을 매우 좋아해요.
➡

안농

이국의 문자와 공통성을 주장했지만 받아드려지지 않았어요.
➡ O X

보르쥐

경계심이 강해서 반드시 한 마리는 망을 보고 있어요.
➡

6. 포켓몬에 대한 설명 및 맞춤법이 맞도록 빈칸을 채워 주세요.
부모님이나 친구에게 해당 부분을 읽어달라고 부탁하세요.

194p 《이상해씨》

태어날 때부터 등에 씨앗을 _____ 있어요.

216p 《모래꿍》

삽을 잃어버리면 나뭇가지 등을 대신 _____ 다녀요.

193p 《코라이돈》

생태 등은 _____ 것이 전혀 없어요.

210p 《버랜지나》

하늘에서 지상을 관찰하다 쇠약해진 먹이를 _____.

215p 《왕자리》

반대편이 비칠 정도로 _____ 가녀린 날개를 가졌어요.

203p 《둔타》

1200도의 마그마가 체내에서 _____ 있어요.

▲36쪽

▲60쪽

▲96쪽

▲122쪽

▲150쪽

▲188쪽

▲218~219쪽

▲220〜221쪽

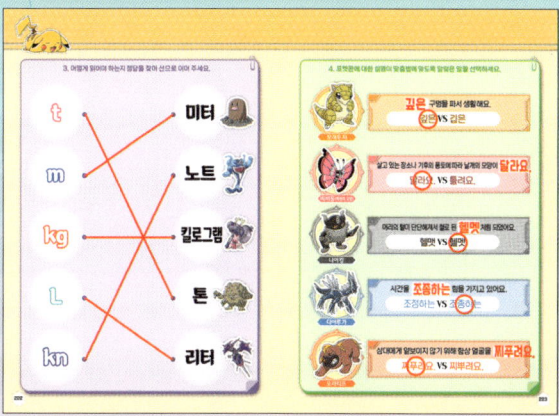
▲222〜223쪽

▲224〜225쪽

찾아보기

ㄱ

가스 128
갈가리 108
갈고리 108
갈기 119
갈퀴 119
갉다 204
갔다 68
같다 68
거느리다 81
거닐다 81
거름 116
거치다 79
건드리다 30
걸음 116
걸치다 79
곱슬곱슬 169
굵다 207
굶다 211
귀찮다 206
금세 8
기간 120
기관 120
깁다 65
깊다 65
깎다 19
깔깔 172
깜빡 156

껍데기 102
껍질 102
꼼꼼 160
꽁꽁 162
꽂다 216
꽃봉오리 14
꿈틀 171
끈끈 164
끊다 205
끌어 올리다 57
끌어올리다 57
끓다 203

ㄴ

나뭇가지 17
낚다 202
날뛰다 69
날름 173
낫다 72
낫 109
낮 109
낳다 72
널뛰다 69
넓적다리 24
노트 149
눈 부시다 56
눈부시다 56
늠름하다 11

ㄷ

다르다 89
다릿심 15
다짜고짜 16
단숨에 41
닮다 190
대다 66
~대로 106
더미 115
더욱더 48
덤 115
덥다 85
덥석 168
덩굴 7
덮다 85
덮치다 210
데다 66
~데로 106
데우다 67
데이터 129
돌멩이 10
돼 118
되 118
든든하다 63
들쭉날쭉 182
딸랑딸랑 179
때 99
떠돌다 87

떠들다	87
떫다	201
때	99
뚫다	196
뜸	114
띄다	111
띠다	111

ㄹ

로켓	136
리터	148

ㅁ

마니아	126
마무르다	82
마이너스	133
많다	195
말랑말랑	155
맞물리다	82
매기다	75
매끈매끈	158
맺히다	22
메기다	75
몸 속	42
몸속	42
못 하다	44
못하다	44
무늬	213
무치다	93

묵다	86
묶다	86
묻히다	93
뭉개다	33
미터	144

ㅂ

바둥바둥	176
바삭바삭	183
바싹	175
반드시	121
반듯이	121
받아들이다	20
밝다	209
밝히다	193
배다	70
배터리	127
밸런스	139
뱃속	54
뱉다	214
베다	70
볏	104
볕	104
복슬복슬	187
부수다	32
부침	101
붙임	101
비틀비틀	165
빗나다	62

빙글빙글	184
빛	110
빛	110
빛나다	62
빼다	83
빽빽이	161
뺏다	83
뼛속	55
뽐	112
뾰족	163
뽈뽈이	178
뿜다	74

ㅅ

사례	100
사례	100
사인	142
새기다	26
새다	84
섞다	198
세다	84
센서	137
~수 없다	53
수없다	53
숯	113
숱	113
쉴 새 없이	45
스러지다	71
스크루	134

스텝	135	
실타래	27	
싫다	197	
싱글벙글	186	
쓰다	76	
쓰러지다	71	
씌다	76	

ㅇ

알레르기	131
얇다	215
얕다	80
어느새	39
어질어질	177
억세다	25
얼음	28
에너지	124
옅다	80
온갖	35
온몸	50
왠	105
우레	9
웬	105
일컫다	200
읽다	212
잃다	208
잇다	95
잊다	95

ㅈ

작다	90
잘 하다	49
잘하다	49
잣다	78
잦다	78
재채기	34
저 세상	46
저세상	46
저지하다	91
적다	90
젓다	88
정도쯤은	52
정적	103
젖다	88
젤	130
조리다	107
조정하다	117
조종하다	117
졸이다	107
좇다	64
좋아하다	21
죄다	92
주스	140
지내다	77
지니다	77
지지하다	91
진흙	199

짊어지다	194
짓궂다	217
짓다	73
짖다	94
짙다	73
짧다	191
~째	98
쫄깃쫄깃	154
쫓다	64
쬐다	92
찌푸리다	23
찢다	94

ㅊ

차례	13
찰싹	185
찾아 오다	58
찾아오다	58
~채	98
척척	159
천적	103
축	153

ㅋ

칼로리	143
콤비네이션	138
큰 소리	40
큰소리	40
킬로그램	146

킬로미터	145		한 순간	59
ㅌ			한 층	38
			한동안	47
탁탁	167	팔랑팔랑	174	한번	43
태우다	67	팬터마임	132	한순간	59
톤	143	퍼붓다	18	한층	38
통째로	6	폭발	31	핥다	192
통통	157	폼	112	해 질 녘	12
튼튼하다	63	푹신푹신	170	허둥지둥	180
틀리다	89	품다	74	헤매다	29
틈	114	풋풋	181	헬멧	125
팀워크	141	**ㅎ**		형제자매	51
		하늘하늘	152	활활	166
		한 번	43		

231

초판 1쇄 인쇄 2025년 2월 14일
초판 1쇄 발행 2025년 2월 24일

발행인 심정섭
편집인 안예남
편집팀장 이주희
편집 정성호
본문구성 이정아
제작 정승헌
브랜드마케팅 김지선, 하서빈
출판마케팅 홍성현, 김호현
디자인 DesignPlus

인쇄처 에스엠그린
발행처 (주)서울문화사
등록일 1988년 2월 16일
등록번호 제2-484
주소 서울시 용산구 새창로 221-19
전화 02-799-9196(편집), 02-791-0752(출판마케팅)

ISBN 979-11-6923-379-8
ISBN 979-11-6923-319-4(세트)

©Nintendo, Creatures, GAME FREAK, TV Tokyo, ShoPro, JR Kikaku. ©Pokémon.
포켓몬스터, 포켓몬, Pokémon은 Nintendo의 상표입니다.

※ 본 제품은 한국 내 독점적 저작권 관리자인 ㈜포켓몬코리아와의 정식계약에 의해 생산되므로
무단 복제 시 법의 처벌을 받게 됩니다. 한국 내에서만 판매 가능.
※ 잘못된 제품은 구입처에서 교환해 드립니다.